イライラしなくなるちょっとした習慣。

人生，從不生氣開始變好

✔ 情緒管理師也在用的82個反轉人生術

安藤俊介／著
廖佳燕／譯

八方出版

前言

習慣，是一種養成後就覺得自然的存在。但是要養成一種習慣可沒那麼容易。更何況是要養成不生氣不焦躁的習慣……大多數人都會覺得自己可能做不到吧。

無論是誰，都沒有因為想生氣就生氣的理由吧。我相信就算不寫這本書大家也都知道，一旦發脾氣通常事情就無法順利進行、會覺得疲累、煩躁……而且對事情毫無幫助。

斬斷生氣的習慣

經濟評論家勝間和代曾用一句話比喻過感情的機制：一旦成為馴象師就能讓大象為你所用。

在我們的情緒當中，也存在著馴象師（理性）和大象（感性），我們必須能夠高明的駕馭大象而不致讓它失控暴走。但是，大象的體積非常龐大，即便只失控一次，要再重新駕馭它就會變得極為困難。

接下來這一段比喻我認為非常精闢。

如果，大象總是站在比馴象師更優越的位置上，那麼，就如同我們即將成為情緒的奴隸一樣。我們會不斷地被情緒左右，儘管想要用許多理性試圖控制住它，但是，情緒總是跑在前面，以至於讓你無法冷靜的思考。

一旦陷入這樣的狀態，你的理性雖不斷地告訴自己不要生氣、不要焦躁，但是其他人以及不合理的事情一直層出不窮的話，很容易就讓自己每天都陷入在憤怒焦躁的情緒中。

如果只是偶爾讓大象凌駕於我們之上，但馴象師基本上都是站在優勢地位的話，我們還可以維持原來的樣態。要記住，你自己的主人是你自己本身，而不是情緒。

所謂養成不發怒的習慣不單是指馴象師要能長時間引領大象，而且必須在許多場合都能夠很好的控制它。

經常有人認為要成為好的馴象師就必須進行長時間辛苦的訓練，其實並不需要。無論是誰，只要花一點功夫並了解當中的關聯，就可以很容易地成為一位卓越的馴象師。

市面上已經有許多大家熟知且非常方便的一些實用方法能夠用來提高工作效率。在控制管理焦躁情緒方面也有一些只要熟知就非常方便利用的技巧。**其中之一就是要能察覺自己易怒的壞習慣，進而戒掉它，然後培養一些好的習慣。**

養成好習慣的小秘訣

關於習慣這件事，一開始我就談到「習慣，是一種養成後就覺得自然的存在。但是要養成一種習慣可沒那麼容易。」但其實有一些小技巧能夠讓你簡單的養成習慣。那就是，無論多小、多麼不重要的事情都要每天不間斷持續去做。每天持續的做一件事，就會變成一種習性，一旦不做的時候就會覺得全身都不自在。

以刷牙來說吧，很多人每天有刷牙2～3次的習慣。因為已經成了習慣所以不以為苦。甚至有些人習慣了必須刷牙，不刷的時候反而會覺得很難過。

但是假設，我把刷牙的習慣改為「一週只刷牙2次」，這樣一來，忽然間刷牙就成了一件非常困難的事。那是因為，**我們想要做的事情一旦被禁止，之後如果想要繼續做下去，就會需要更多的動力才行。**

以健身房為例來說明。一定有很多人到健身房去鍛鍊身體吧，但我想一定無法持久。我自己也很喜歡去健身中心，但即使是我自己，只要身體不舒服休息了大約一星期，之後就會覺得上健身房是件麻煩的事了。就算心裡想著「想去運動」，但總覺得力不從心、壓力很大。

事實上，只要去了就能自然的樂在其中，但是要跨出那第一步，真的是打從心裡覺得抗拒和痛苦。其實每天持續去健身房的人應該沒那麼多，大概都是盡可能一星期去2～3次吧。這種情況和每天刷牙是完全不同的兩回事。

想要將一件事情習慣化，大致上來說，那件事大多是自己想做或是必須要做的，但同時卻又覺得這件事很麻煩，提不起勁，總想著能拖就拖。總之，就是一件自己很清楚要做但實際上卻做不到的事。所以往往大多數人就會把目標訂在幾天去一次，或一週去2～3次。但是這種頻率的目標設定，反而讓上健身房這件事更難成為習慣。因為對人們來說，偶爾才做的事情其實是最困難的。

日本有名的藝人暨實業家西川清先生有一句廣為人知的座右銘：「凡事皆從

細微處努力」。我認為沒有比這句話更適合當成養成習慣的秘訣了。想要養成一個習慣，並不是突然下定決心「明天開始做這件事……」，而是在自己做得到的範圍內一點一點努力，每天不間斷的持續，這樣一來在不知不覺中，就會形成不做就渾身不舒服的狀態，這樣，才是養成習慣的最佳捷徑。

什麼是情緒管理

本書中所要介紹不焦躁的習慣技巧出自於１９７０年代美國一種稱為情緒管理的心理訓練課程。

情緒管理的目的並不是單單指不生氣不發怒或不焦躁。而是要學習對於應該要生氣的事情就理直氣壯的發怒，而相對不需要生氣的事就要學習冷靜的處理它。

情緒管理一詞，原本比較多用在偏向對犯罪者的導正教育上。但隨著時代的變遷，這個詞彙也就慢慢被普及化。例如現在針對公司內部管理階層的訓練、孩子們的情感道德教育、婚姻諮商、親職教育以及運動選手的訓練等等方面也都已經廣泛的應用這個技巧。

身為擔任日本情緒管理協會的會長，我從創立這公司的隔年２０１２年開始每年都會舉辦無數關於情緒管理的講座。從中所獲得的統計資料顯示，在２０１６年聽講者的人數超過了22萬人。這幾年的累計人數雖然高達60萬人次，但講座的內容大多都是情緒管理課程中屬於和憤怒的情緒和平共處的這部分。

不生氣的82個小技巧

在書中我會一邊介紹情緒管理的理論和技巧，同時引進日常生活中的例子來說明，讓大家不要白白浪費時間在怒氣上而成為了情緒的奴隸。

像是「不搶交通號誌」、「每天都搭不同的電車」、「即使拍賣也不血拚」、「不看綜藝節目」等等，這些平時毫不引人注意的事情如果能夠稍微留心不去做的話，不知不覺中就能養成不生氣的習慣。

這是因為平日我們在不經意間所做的許多事情反而正是導致我們發怒的元凶。因為自己一直在持續著做些不好的習慣，所以首先最重要的就是戒掉它們。

凡是挑戰新事物，都會讓人感覺很有難度、壓力很大、提不起勁。但是這本書中會教你遇到新挑戰時先緩一緩，不要總想著它，先用平常心來面對，總之只要不是用怠惰的消極態度面對，就能慢慢學到不浪費時間發脾氣的習慣。這正是本書要介紹的方法和技巧。

所以雖說是要戒掉某些事情，但指的並不是要你戒掉最喜歡的甜點，也不是要你戒菸戒酒，每天過著苦行僧般的生活。所謂的戒除，也不是因為你有嚴重的惰性，就要你馬上斬釘截鐵的果斷決定說「好！我就戒了」。我們希望你用的方法是，當你察覺自己的怠惰之後，能夠告訴自己「啊啊！真的有點懶散呢，稍微改一下吧」，用一些較輕鬆的方式去一點一點改掉那些壞習慣。

另外，這本書中所介紹的82種方法，並不需要全部嘗試。只要選擇一些對自己來說比較容易做到的試試看就好。

只要能斬斷壞的習慣，就會希望能開始養成好的習慣。書中所介紹的好習慣都是一些大家很容易做到的事。像是「2分鐘改掉拖拖拉拉的毛病」、「戒掉社群網站」、「讓自己的生活簡單」、「每天早上收看不同的電視節目」等等。但是前面也提過，養成習慣的秘訣就是必須每天持續不斷的進行。所以，如果不是發自你內心想要做的事，不去做也沒關係的。

還有，那些你能每天持續做的事情，有一天你會發覺自己在不知不覺中已經養成了不發怒的習慣，而自己也已經成為自己想要的那個不浪費時間發怒的人了。

只要自己一生氣，周圍的人也會受到影響發脾氣。相對的，身邊的人發脾氣，自己也會受到影響而不愉快。因為憤怒是一種非常強烈的情緒，很容易感染周遭的人。

當你在家裡生氣時，會讓你最重要的家人也變得不開心。因為一旦自己發了脾氣，除了自己本身憤怒之外，那些情緒也會帶給周圍重要的親人很不好的影響。所以無論是為了你自己或是為了你身邊那些重要的親人，請開始學習不發怒的習慣吧。

學習書中的一些方法和技巧，除了你自己本身之外，也能帶給周圍的人健康平靜無壓力的生活，並且工作上也能一帆風順。這是我最深的期望。

一般社團法人日本情緒管理協會會長
安藤俊介

目錄

chapter 1

第一章 不再為錢焦慮的習慣

chapter 2

第二章

不再為人際關係焦慮的習慣

chapter 3

第三章

不再為工作生氣的習慣

chapter 4

第四章

不再對自己生氣的習慣

chapter 5

第五章

不再為個人問題生氣的習慣

chapter 6

第六章

不再為人生生氣的習慣

chapter 7

第七章

不再為社會生氣的習慣

後記

chapter 1

第一章

不再為錢焦慮的習慣

chapter 1
01

戒掉逛超商的習慣

我也經常去超商買東西，在這裡我要告訴大家的事情也包含了對自己的提醒。超商，真的是非常方便，尤其是沒事的時候順路就進去逛逛的也大有人在。

當你在賣場內漫無目的的閒逛時，很容易「阿！對了！家裡面紙快用完了」於是順便買一袋紙盒裝抽取式面紙回家，或是看到新上市的點心或果汁也會覺得「哇！看起來好好吃耶」因為受到吸引於是就買回家吧。

其實紙盒裝的抽取式面紙在大型連鎖藥妝店或是超市都能用更便宜的價格買到。點心零嘴也是，雖說是順手就買，但大多都不是自己特別喜愛或真正想吃的東西吧。

也就是說，這完全就是身在當下無法控制的衝動型購買，這也就成了你焦躁的原因之一。

很多容易焦躁的人都有衝動花錢的傾向。例如：一焦慮就暴飲暴食或是拼命的喝酒。用這樣子的方式即使花再多的錢，如果無法脫離令你焦躁的環境，那麼就無法有效地解決你的問題。

像這樣的時候，就要優先思考一下怎麼做才能去掉暴飲暴食的衝動。這樣一來你就有較充分愉悅的心情，才能夠好好的淺酌美酒的滋味而不是狂灌酒。

在超商花費一些不必要支出的人，其實是為自己製造了讓自己焦慮的環境。**所以我們可以試著重新思考一下，你在花多少錢的狀況下能夠為自己創造一個不焦慮的環境。**

想想看，當你因為電腦的啟動或運作緩慢而生氣，因而跑好幾趟超商，那不妨考慮花錢買一部新的電腦替換。你這樣思考的同時就不會再衝動的瞎買，自然就能從焦慮的情緒中解放出來了。

chapter 1

02 事先規劃用錢的緩急和優先順序

一般來說能夠做好情緒管理的人，都是因為善於支配金錢。

「善於支配金錢」，這句話乍聽之下也許會令人覺得不舒服，但其實是為了不讓你為錢焦慮而讓你學習應該將錢花在什麼地方的方法罷了。也就是說，在不得不花錢的時候，你還是能夠買下一些高單價的東西。

因不善於支配金錢而陷入焦燥的人，對於自己將錢花在什麼地方，通常是沒有一個優先順序的。像是平時花錢在瑣碎的事物上很爽快的人，遇到真的只用錢就能解決的事時卻猶豫不決，這就造成了自己的焦慮。

比方說因為料理並不拿手而鬱悶的人，其實只要買一把好用的刀子和實用性較高的廚房基本配備和工具就夠了。如果是為遠距離通勤所苦的人，那就搬到公司附近住就好了。

但是大部分容易生氣的人都是因為沒有朝這個方向去解決問題，反而想著「眼下有更重要的事不得不做」或是「東西明明還能用，如果買新的會有罪惡感吧」等等，這些因本身的個性和想忍耐的態度所以產生焦慮。然後因為問題沒解決，又不斷循環產生無止盡的焦躁。

所以可以說，不焦躁的人，他們通常會為了幫自己創造一個較舒適的環境，而適切地甚至是積極的將錢用在這方面。他們會思考如何才能讓自己覺得愉快，因此如果有必要他們就會不手軟的投入資金。

金錢本身是毫無價值的東西，金錢經由人們的使用才能產生價值，那些不為錢煩惱的人，就是善於改變金錢價值的人。

當然，我並不鼓勵你無端的浪費，如果是為了要創造讓自己更舒服的環境，那麼投入收入的一定比例在其中就是一項不錯的投資。

chapter 1

03 不須過分節儉

「還早得很呢！」每當我想要做些什麼事的時候，腦袋裡就會浮現這個字眼。

比如當我搭飛機時，不論座位多不舒服，只要想到其實只須忍耐幾個小時，所以搭經濟艙就好了，總覺得自己還不到搭商務艙的等級。

但其實這樣的次數一旦多了之後，不管是到飯店投宿或是選擇餐廳時、購物時，總覺得高價品和自己身分不相稱，或是自己配不上所以會有克制壓抑的想法。

當我發現到這一點時，自己已經46歲了，不知不覺其實早就過了「還早呢」的年齡，而已經是「很配得上」的年紀了。所以我不禁思考，自己是什麼時候改變想法的，還有人生到底要等到什麼時候才是「配得上」的時機呢？後來我發現其實我並非是以自身的狀況做為判斷基準，而是用一般普世的價值來衡量這件事。我因為自己過度的節儉，也因而持續限制了自己的人生，所以我認為不節儉並不等同於浪費。

一般人會覺得節儉是一種美德，但是比起節儉更重要的是你自己想要追求的事物吧。如果是有目的節儉當然沒有關係，但是如果單單因為大眾的普世價值而追求節儉，我認為會大大的削弱了你人生的精采度。

壓抑想要的東西而持續忍耐過著極簡生活的話，很容易會產生一種狀態，即便是你自己的人生，但你也不知道要怎樣才能活得快樂。這樣的生活會讓自己下意識地活的卑微，人生也變得沉重。

希望大家不要過著「為節儉而節儉的生活」。

chapter 1

04

將消費和投資分開考量

每當我想要做些什麼事的時候，腦袋裡浮現的字眼除了「還早得很呢！」還會出現「太浪費了！」這個想法。你也會有同樣的情況嗎？總覺得好像價格有點貴或是考慮這個那個……

我平時不太買東西，大部分的「消費經驗」都是用在旅行和食物上，但比如說搭乘新幹線時，我就會覺得坐商務艙太浪費了。

但我的想法最近有了改變，我認為這樣的消費也是一種投資。**應該說，我想試驗看看，我如果不顧一切的把錢用在我認為有價值的事物，會出現什麼變化呢？**

目前我的試驗得到實際的變化是自己的心情變得更輕鬆自在了。無論花多少錢也不會再焦慮。「太浪費了！」的另一個內心想法其實是很羨慕那些花得起錢的人。因為你總是會想著「為什麼他們可以過著這樣富裕的生活，而我卻辦不到呢？」。**但現**

在，你要肯定你自己本身也有同樣的價值，而不要去在意其他人。

戒掉無謂的浪費是對的。但是對自己來說有價值的事物就不要去吝嗇花錢，以免連帶貶低了自己本身的價值。當中最重要的事情，就是你必須弄清楚，你要花的這筆錢是用在你認為值得的事物上？還是單純的只是浪費呢？如果還無法清楚拿捏分寸的人，那就用另外一種觀點來判斷……這筆錢花下去對自己是投資還是消費呢？

所謂投資，指的是對未來有益的事物，另外你也會因為它將來會有價值而願意去花錢。而消費則是為了當下使用而已，對未來沒有任何增值性的花錢方法。

這裡所談到的價值，你可以把它想成對自己來說是值得的事物。那些對其他人來說沒有價值的東西，對你來說如果是有價值的話，就不要吝惜把錢花下去吧。

chapter 1

05

電影如果不好看就乾脆出去吧

我以前住在美國的時候，忘了為什麼需要一年看70部電影，事實上也的確進出了電影院70次左右。當時美國的電影票一張大約7美元，不算是很沉重的負擔，但一年70部看下來也是一筆不小的金額。

在觀賞這麼多部電影的同時，偶爾也會遇到自己不喜歡的「地雷片」，於是，**那時候起我就對自己說：「如果覺得影片很無聊，就不要忍耐直接離開吧」**。也因為我的這個原則，不但不會帶著怒意欣賞電影，我也才能在一年間持續的進出電影院70次。我還告訴自己「不要覺得沒看完是浪費，也不要想著也許後面會不錯而忍耐的看下去」。

在日本看電影，成人票券一張是一千八百日幣。也許有人覺得一千八百元就這樣浪費了。但說不定也有人覺得坐在那裏才是浪費了兩個小時呢。

我呢？你覺得我屬於哪一種人？沒錯，對我來說比起金錢，時間的價值更重要。

雖然付出去的錢拿不回來，但是我可以選擇中途離開電影院，然後自由的支配剩下的時間。「既然進了電影院，就應該好好地把電影看完」，有這樣想法的人一定不少。相對的，選擇「看到一半就離開」的人應該也有吧。

「總覺得這樣想的人一定很多」的這個準則，其實並非是任何人規定的，而且這樣的準則根本就不存在於世界上。

我們也一樣，你可以自由地進出電影院，只要想離開，隨時都可以走。

chapter 1

06 不要去考慮成本效益比（CP值）

我覺得「太浪費了！」這樣的想法，正是無端讓我的焦躁變得更加嚴重的原因。但我的意思並不是說亂花錢是好的，然後就讓自己養成想花就花的習慣。我覺得**大家有必要好好的思考對你自己來說，什麼叫做浪費。**

我在前面也提過，這並非單純只是金錢使用上的問題。例如：到遊樂園也需要買門票，如果你覺得從早上10點開門到晚上8點關門，這一整天都要待在遊樂園才不浪費的話，這樣的想法我就難以認同了。

餐廳也是一樣的道理，很多人在選擇餐廳時會考慮到餐點的價格，但其實這也同理可以換算在時間的花費上。比如說一家高級的餐廳花十分鐘可以吃到一道一千日幣的料理，用這樣的方式計算下來，二個小時的套餐計算下來也才一萬二千日幣，算是相當便宜了。

有一個詞叫做成本效益比，你會去思考你花了這些錢，能得到多少收穫？又能有多高的滿意度？這也就是俗稱的CP值。

我覺得，凡事總是考慮CP值的人，很有可能也是造成你焦躁的原因吧。

如果不去考慮成本效益，而換個角度用時間效益來看待一件事的話，我覺得在當下應該能獲得較多快樂吧。

chapter 1

07 別買特價品

你一定也曾經在拍賣期間購物過吧，說不定你還是經驗豐富的購買者。

只要拍賣，就會有人買，所以商家也喜歡拍賣。但是現在不但有春季特賣、夏日換季特賣、秋季特賣、冬季換裝特賣，還有開幕特價、年終出清拍賣，其實是一整年都處於在拍賣特價的狀態中。但是為什麼大家還是喜歡在拍賣的時候購物呢？是因為便宜呢？還因為真的很划算賺到了？

「因為特價所以購買」的東西，說穿了其實並不是你真正想要的東西。**如果是你真正想要的，不管是不是有特價，你一定都會買吧。**

也就是說「因為特價」所買的東西，結果就只是因為價格便宜而買了。因為不是想要的，也不是特別喜歡的，當然也就不會時常穿或常使用。但是最令人覺得不甘心的是，會有「為什麼當初要買這東西啊」的後悔心態。

另外，還有其他一些不要買特價品的理由。

拍賣期間店裡擠滿了人，大家都磨刀霍霍的想要多多少少買到些特價品。**只要你身在其中，就會不自覺地買一堆不需要的東西然後造成事後的壓力。**所以盡量不要靠近那些商店。另外，你已經預期用某個價錢就能買到的商品卻「賣完了」、「沒有適合自己的尺寸」或是「想要的東西卻沒有特價」這種令人失望的情形都很有可能發生在拍賣會中喔。

這些每一件可能發生的事都會造成你多餘的煩躁。

chapter 1

08 對於真正想要的東西別等到打折

你應該也曾經在買了東西之後，因為質疑自己的判斷，然後在網路上搜尋評價的經驗吧。或是想知道自己是不是買到最便宜的價格，所以上比價網不斷搜尋比價吧。會這樣做的人如果在網路上看到差的評價或是看到有更便宜的價格出售時，應該都會有一種「唉！我輸了」的不甘心吧。

這樣的心理，大家都知道是屬於一種內心衝突的認知失調。為了要確認自己的選擇是正確的，所以會不斷地在網路上或用其他管道搜尋各種資訊來證明「自己買這東西是一個正確的判斷」。

但是，如果是能夠用自己的價值觀來進行判斷的人，即便是用平時價格買東西也不會後悔，而且也不會因為別人說了什麼，就覺得自己做了一個錯誤的決定。

大家在拍賣會或在OUTLET時，如果只是因為「便宜」而買的話，其實並不是喜歡或有想要的東西，而單純只是受到情緒和氣氛的鼓動所以就買了。換個說法其實就是「你單單只是因為便宜了這點價錢所以就買了」，這樣的心理想法也同時被對方看透且掌控。所以，焦慮憤怒也是應該的。

在後續的文章中也會談到，一個人如果因為別人的言行舉止而動搖了自己的想法，就很容易焦慮。**拍賣會和 OUTLET 也一樣，那些便宜的標價就如別人的評論般影響著你的判斷。**

如果是真正想要的東西就在平時買吧。如果平時的訂價讓你不想買的話，就要稍微思考一下，那證明了其實你並不真正想要那東西。

chapter 1

09 健康的生活是最大的復仇

金錢，到底是什麼？明明只是一種為了達到要某一件事的手段，但大多數的人卻被它耍得團團轉。

我自己本身對錢也抱著很複雜的想法。小時候我經常聽到父親說「沒錢」。因為父母都是公務員，所以我覺得家中狀況雖然談不上有錢但也不至於到貧困的地步吧。但是我父親的口頭禪就是「沒錢」，這也是導致我父母經常吵架的原因。

所以一直以來，我都強烈的抱持著一個想法：「我要賺錢」，以及「實現一個不被金錢支配的人生」。

一開始對於金錢幾乎抱著憎惡的心情去工作的時候，我的年收是二百四十萬日幣。也就是月入大約十六萬五千日幣。當時我的生活，房租五萬一千元。而每晚則為了晚餐要吃六百五十元的炒蔬菜定食還是七百五十元的炒豬肉蔬菜定食這件事煩惱著。如果持續這樣下去，漸漸的我會對金錢產生負面的情緒。

之後因為開始自己創業，所以經濟狀況日漸好轉，會覺得終於身邊也有一點錢了。但是當時對於金錢所抱持的焦慮心態，和現在的感覺是否不同呢？其實幾乎沒有改變。我還是會擔心著自己的將來真的沒問題嗎？

即便到了現在，心裡還是會想著「為什麼人家可以開得起這麼好的車呢！」、「為什麼自己住不起比他更好的房子呢！」自己會陷入這樣忌妒或不甘心的想法中。一旦開始和其他人有了比較的心態，真的就會過得很辛苦。

那時候我忽然想到一句話

"Living well is the best revenge"。

「健康的生活是最大的復仇」這句話的涵義，也可以說是代表我的座右銘。

那些出生在富裕家庭中的人，或是從未為錢煩惱過的人，至今尚未為這些瑣事煩躁過。然而我們正因為是為了錢而工作，所以才能說出「錢不是人生的一切」這樣健康有自信的話。我認為有這樣的想法是非常重要的。

chapter 1

10

因缺錢而焦躁的話就工作吧

大學時代，曾經因為女朋友不經意的提起「希望男朋友有車子」一句話，而產生了厭惡的感覺。雖然我自己本身也嚮往過有錢人的生活，但我卻希望自己喜歡的人是那種「沒有錢也可以過著幸福生活」的女孩子。

即便到了現在，當我看到『東洋經濟週刊』的《上市企業平均年收排行榜》時，仍舊會生氣的覺得「怎麼能那麼有錢呢？」。另外像是看到TBS電視播出的「情熱大陸」裡所介紹在各領域中活耀的知名人物時，我總是用忌妒和羡慕的眼光看著他們。

但是，世界上有多少人是滿足於自己現狀的呢？

我想大多數的人都是處於有強烈的自尊心覺得自己能做到，卻又在與自己想像不同的現實夾縫中求生存，不知道自己每天拼命努力到底是為了什麼的狀態中……

日本人在言談中有盡量避開關於金錢的傾向，但是，人生沒有錢是萬萬不能的。

所以，如果不想為了錢而煩惱，就只能認真的工作了。其實解決的方法很簡單吧。

你一定會回過頭去看看那時你為金錢付出的辛勞、那些曾經的憤怒和憎惡，然後那些情緒漸漸地就會轉換為工作的動力。這樣一來，你就能和金錢正面相對了。

憤怒的情緒雖然很能夠破壞許多事物，但若是能夠拿來作為刺激自己的動力並加以活用的話，一定可以成為一股很大的力量足以完成些什麼。

在運動選手的世界中也是一樣，因失敗而產生的不甘心和憤怒會轉化為激勵自己的練習動力，然後因為這些經歷在體育界裡大放異彩的人其實很多。

很明顯，憤怒的情緒是無論如何也去除不掉的。那麼你倒不如好好驅使這個情緒，讓它成為你不斷向前的一種動力吧。

chapter 1

11

在健身房中找一個健身教練

世界上本就有許多事情是無法一直持續做下去的，其中最具代表性的就是上健身房運動這件事。我知道很多人會在免入會費的促銷活動期間加入會員，幾個月後就退出。然後等著下一次的免入會費的促銷活動再加入。

持續上健身房這件事最困難的原因在於缺乏動機，那到底是什麼原因造成這樣呢？

那是因為我們自己並沒有事先設定去健身房的目標，也不知道去了要做什麼。因為自己也搞不清上健身房對自己來說有沒有意義，所以無法持續。

我年輕的時候也曾在免入會費的促銷活動期間加入健身房，也是無法持續。後來又再參加的時候，總有一種「我到底來這裡做什麼？」、「做這些健身運動到底能夠怎樣呢？」的感覺，隨著這樣的想法一直出現，就又漸漸地變成斷斷續續的狀態了。

但是後來我決定找一個專門的健身教練幫助自己，他明確的幫我規劃健身的目標和方法。我不但了解了上健身房的目的，也知道自己該做些什麼。從此之後，上健身房不再是一件苦差事了，我對這件事的看法變得積極起來。

雖然有私人的健身教練是一件好事，但如果你認為教練會讓你操作一些高難度的運動器材而感到卻步的話，那就有必要重新調整你的想法。上健身房有個私人教練的確是一件不錯的事，因為那也是對自己的一項投資。

健身教練本身就是專業，你一定要有使用者付費（付費給專業）的概念。一旦有了這個概念，就如同你找到邁向成功人生的捷徑。因為不但可以讓你省去許多混亂的錯誤嘗試，也相對減少沾染焦躁的惡習。

chapter 1

12 要有尊重專業的付費觀念

那些不浪費時間生氣的人，通常都有很乾脆付錢全權交給專業的習慣。所以我很能體會「凡事還是要靠專業」這句話的意思。

但是如果認真的重新思考會發現，**一般人其實和專業人士接觸到的機會應該也不少，但是卻無法從和專家的視線或接觸中獲得更多體驗或資訊。**這真的非常可惜。

前面也有提到關於健身房的私人健身教練，所謂的專業人士不單單僅此而已。如果去沙龍會有專業的美容師，如果是去餐廳會有專業廚師等等。只是一般人不會特別去想到這些。

當然，說是專業但其實當中還是有著程度上的差別。即使如此，比起素人的我們，他們在自己的領域上頭就一定比我們多了許多專業見解以及各種經驗值。

平常就養成習慣積極的運用這些專業人士的力量是一件非常重要的事。如果一直覺得「唉！自己還早得很呢！」或是覺得自己不配，這些沒有意義的謙虛是完全沒有必要的。另外「浪費錢」這種想法也要不得，如果在這方面省錢而把錢花在買便宜的東西上，反而會是招致你越來越焦躁的原因，是一種很糟的習慣。

如果你身邊有專業人士，那麼就支付相對應的價格然後接受服務吧。請積極地交給專業。

「普通人所以不行啦！」、「一般人是沒辦法的吧！」這些想法毫無必要。因為我們已經完全地正在反覆接受專業人士的訓練和服務。你會這樣想是因為你的心裡沒有尊重專業的付費概念。這種想法其實對專業人士來說也是很失禮的態度。

所謂專業，就是盡全力提供給我們對價以上的服務，而我們則支付相對應的價格。這才是一種健全的交易，也才不會相互產生過度依賴的關係。

chapter 2

第二章

不再為人際關係焦慮的習慣

chapter 2

01

中止無意義的交往

「鄰居間的往來」、「職場人際關係」、「朋友間的交往」、「同學間的相處」等等，無論你是社會人士，或是學生，即便是小孩之間都會有各種各樣的社交群體，自然就會產生不同的人際互動和交往。

我們生活在這些社交群體中，無法憑著自己的好惡來決定要跟誰來往。**實際上，總會出現「偶爾會在一起，但總覺得懶的應付」或是「因為沒有正當理由結束彼此的關係」等等而交往的例子，這種狀況並不少見。**

無意義的人際互動確實並不是一件不好的事，但是你卻必須為了這些無關緊要的的交往對象去「猶豫不決著自己想做的事或者沒辦法做自己想做的事」，甚至「習慣了為對方浪費時間和金錢」，如果是這樣的話，勸你還是改變一下想法比較好。

例如：即使是志同道合的朋友在交往的過程中總也是會有感到壓力的時候吧。

所以，如果是和並不那麼喜歡的人持續往來的話，應該會令人感到十分疲憊。即便如此，當你選擇繼續和不喜歡的人保持互動的時候，許多人都是抱著「不想被討厭」或是「逃避、順其自然」的心態。人們下意識都有「想成為被大家喜歡的人」的想法。

但是「被大家喜歡」、「不被任何人討厭」這種事在現實生活中根本就不存在。

所以你有自主選擇權，可以只選擇和自己喜歡的人交往。

所謂的人際關係，不應該由別人的眼光判斷而影響你的選擇，你應該抱著「我想和誰交往或是我不想和誰交往」這麼單純的想法去做就好了。

「不想交往的人就不要交往」，即使你做出這樣的選擇，人生也不會產生巨大的崩壞。

chapter 2

02

將自己的時間用在喜歡的人身上

積極地只和自己喜歡的人互動，最大的好處就是節省時間。人的時間是有限的。即便不是很積極的和對方往來，但只要是有互動，自己的時間總是經常會被切割浪費掉。

「即使沒什麼意義，但沒辦法總是需要交際」或是「和這種人往來果然是浪費時間啊」很多人都有這樣的想法。但如果是我，我會選擇「與其浪費那些時間做無意義的交際，還不如把時間用在喜歡的人身上」，這樣一來也能提升自我的滿足感。

以前我會在心裡批評那些我不想來往的人「那傢伙為什麼要這樣做啊？」、「真是令人討厭的傢伙！」想想，那真是大大的浪費了自己的時間。

對於你不想交往的人，去思考關於他的事情其實就是為對方浪費了自己的時間。也就是說，當你在想著「他會說些什麼？」、「和他往來會發生……」的當中，你已經為對方浪費了你人生中的寶貴時間。這真的是沒必要且不會有任何助益的耗費，只會讓你在回想起來時更生氣而已。

我會經常檢視我的手機，然後將那些已經好幾年沒有往來或毫無音訊的聯絡人刪除。我會先確認自己的想法「我為什麼跟這個人交往呢？」，這是一種對人際關係的新陳代謝方法。也許對對方來說有點失禮，但以結果論來看，我相信對對方也是好事一件。

人生並不是一場人氣王的選戰。不想交往的人即使不交往也沒有關係的。要丟棄「害怕被對方討厭」的恐懼感。我認為最重要的是去思考自己跟對方交往的目的。當你這樣問自己內在情感的時候，也同時大大的提升了自己人生的品質。

chapter 2

03

無須因為備受期待就過度勉強自己

有些人一旦知道自己受到期待，就覺得一定得達到對方的期望才行，所以會拼命的勉強鞭策自己「再加油！」。

為了回應對方的期許而做的努力，並不是一件壞事。但是當你因為無法達到對方的期望而有罪惡感，或是責備自己不夠盡力時，這就有問題了。

因為無法回應對方的期許而有罪惡感的人，其實在潛意識中對於人際關係是存在一種等值交換概念的。

經濟活動就是一種最基本的等值交換，只要你付出一百元，就可以得到價值等同一百元的商品。但是如果一瓶果汁要價五百的話根本不會有人買。因此果汁的價格就會隨之調整下降，直到消費者覺得「這個價格很公道」為止。

所以經濟活動就付費方和商品提供者來說，也存在著一種相互的基準水平，必須彼此都認同才能進行交易。所以大致上來說經濟都是屬於等價交換的概念。

但是人際關係卻不是這麼一回事。人與人的交往並不是誰付了一百元，對方就一定會回報相當於一百元等值的物品或情感。

如果在以愛情或友情為名的交往下，隱藏著類似這樣的算計的話，你就更沒有責怪自己的必要。就你無法給對方等值的回報這件事而言，即使你責怪自己，你也無須否定自己本身。我希望你一定要認清這件事。

chapter 2

04

對方達不到自己的期望也要坦然接受

相對的，你如果對別人有期待，希望從對方那裏得到相對的回饋時，這也同樣的不是一種純粹的期待。和前面談到的一樣，會成為一種經濟活動的期待而已。

當然，對於要回應別人的期待而努力這件事，不但可以讓自身有所成長，也是積極正向面對自己人生的一種好的生活態度。但如果當你對別人有了期待，又希望「對方一定要回報給予自己同樣等值的回饋」的話，那麼你就是將人際關係搞成了經濟活動。

假設你所期望的對象沒有辦法按照你的想法達到理想中的程度。**如果你非常失望，這正代表著你並沒有把對方單純的視為一個人際關係的互動對象。**就像你去餐廳點餐，吃到的餐點卻一點都不符合標價的價值是同樣的道理。

你付了朋友一百元，朋友不會給你等價一百元的友情。如果真的有這種事發生的話，那並不是友情，而是包裝著人際關係的還錢動作而已。

當你支付出去的是金錢或時間時，對於數字上的相對價值是否正確划算都非常容易計算，但是對人的期待和反應卻不能用同樣的方法計算。千萬不要去計算要如何做、要做到什麼程度才是合適的回饋。

現在你所面臨的期待，是單純的人際交往還是經濟活動呢？不會輕易為此躁怒的人，我想你一定已經能夠清楚分辨兩者的不同吧。

chapter 2

05

不用特地尋找和別人不同之處

無論是喜歡一個人或討厭一個人的方法非常簡單。都只要多注意關心對方就可以。**但是人們較常做出的選擇卻是下意識地去注意對方令人討厭之處。**

下面的兩件事，無論哪一個做起來都很容易吧：

◈ **找出自己和他人不同之處。**

◈ **找出自己和他人間的共通點。**

所謂和他人的不同的地方就像「意見不同」、「教養的環境不同」、「學歷不同」、「價值觀不同」等等都是。

另一方面找出和他人的共通點，例如像「年齡相同」、「老家一樣」、「喜歡吃的食物一樣」、「興趣相同」等等都是。

我要請你想一想，人們對於這兩件事，哪一件較容易做到呢？恐怕會是前者較後者更容易做得到。

其實找出他人和自己不同之處正是討厭一個人最簡單的方法。

請你想一下在你周遭那些難相處，不討人喜歡的人，平時你都是怎麼看待他們呢？「想法不同」、「工作的方法不同」、「意見不一樣」、「所看到的目標不同」等等……你是否會積極而且有意識地去針對這些和自己全然不同的想法呢？

我認為就因為你發現彼此的不同之處，因而更加拉遠了兩人之間的距離，這也是使得對方漸漸成為你討厭的對象的原因。

chapter 2

06

馬上找到和對方的共通點

找到對方和自己的共通點這也可以說是喜歡一個人最簡單的方法。這要比找出不同之處要難多了，但其實這也不是多麼難以想像的事。

以談戀愛為例，你可以想像自己和對方有什麼共同點呢？有哪些地方是兩人很相似的呢？這樣一來你就能明白了吧？「喜歡一樣的電影」、「老家是同一個地方」、「笑點一樣」、「想法很近似」等等這些枝微末節的共通處也會隨著相處漸漸察覺吧。

另外，並不是只察覺到自己本身就好，你一定也會考慮對方到底跟你有多相似，是一樣呢？還是很相似所以才吸引自己。只要這樣做，對方也會喜歡上你。

在戀愛關係中，如果因為對方和自己有許多不同點而受到吸引的話，那會是一場辛苦的戀愛。一般人會對相似的人抱有親近感，這裡所謂的親近感指的就是對對方持有好感的意思。

如果能夠喜歡周遭每一個人，那一定不會有焦躁的情緒。因為馬上能迅速找到和別人一些共同點的人，已經具備了不發怒的最佳習慣。

相反的，如果對周遭的人都感到厭惡的話，很容易就會產生憤怒的情緒。不生氣的人他們自己很清楚，除了發現和他人的不同處之外，也要靠著找到共同點來停止無意義的發脾氣。

chapter 2

07 遠離網路社群讓你生活更自在

不知道大家有沒有發現，和從前相比，社會上容易煩躁的人最近增加了許多。這幾年裡所發生最大的變化當屬社會上資訊的流通量。尤其是網路社群和通訊軟體APP的發達，讓人與人之間流動的資訊量快速的膨脹。

雖然這些給人們帶來極大的方便，但相對的，**為了了解朋友的近況和訊息，就會不自覺地一直關注著他人的動向，或是因為不知道別人會怎看待自己而感到不安。**

當看到朋友過著優雅自在的生活，或是「放閃」的照片、工作上很成功的訊息時，可能會產生忌妒感，再和自己一相比較之下就覺得焦躁和憤怒，讓自己變得煩躁不安。

但是有一些人在生活中依循自己的步調，抱持著自己本身的實力，不為他人的言行舉止影響，輕易的讓這些訊息過去。我認為要將注意力集中在自己的人生中，一定要達到以下三個必要的條件：

◈知道自己現在想做什麼（WANT）。

◈知道自己有那些非做不可的事（MUST）。

◈了解自己能做些什麼（CAN）。

如果無法理解這三件事，自己的生活就會容易跟著他人團團轉。

第一步就是自己去認清什麼東西才應該是自己人生中的核心。因此，請經常的提醒自己不要在意他人的眼光。如果真的很難做到不介意別人的目光的話，那麼暫時關閉社群網站也是一個不錯的做法。一開始或許有些不安，但是慢慢地你自然能夠從壓力中解放，也能期待這樣的作法對於眼前的工作或學習都能夠提升專注力。

我在前一陣子有目的的關閉社群網站一陣子，發現沒有它並非不行，我反而完全不在乎，可以說感覺變得更加自在舒服。

chapter 2

08

多聽聽別人幸福的故事或成功的經驗

我想提出一個問題。大家認為「追求快樂」和「逃避痛苦」這兩件事對人們來說，哪一樣比較容易做到？

如果你回頭去檢視過去的經驗，也會發現這個問題很有趣。比如說學生時代，為了達到好成績的目標而拼命努力念書是不難的吧。但同時，為了偷懶不念書，也練就出一堆逃避的方法，這也令人得意吧。

其實答案很簡單。比較容易做的是「逃避痛苦」。**比起追求快樂，人們對逃避痛苦一事顯然要更拿手的多。**

不只是人類，動物界也是一樣。對動物們來說，為了提高生存機率最重要的並不是確保食材能夠果腹，而是從對自己有生命威脅的捕食動物嘴中逃開。比如與其花時間學習如何採收眼前的蘋果，如果沒有生死存亡的自覺馬上從蛇的身邊逃離的話，一定會馬上被吃掉。

所以人們對於逃避痛苦的方法或是消極相關的學習都很容易學會。這是一種天性，也就是大家所說的負面消極傾向。

這種天性對一般弱肉強食的動物生存法則中也許很適合，但如果放在我們的社會中，或是感情控制方面的話，不適合的地方太多了。如果一個人的回憶中充滿了負面消極的記憶，不僅無法好好的處理人際關係，會容易沒有安全感，對自己沒有自信，也會無法健康的生活。

但我們的大腦也同時具有改變天性的功能。它被稱為神經可塑性。從最新的腦科學中我了解到，人類的腦部是可以和思考配合進而產生變化的。

那些對事物容易有負面消極想法的人，他們的大腦會對事物容易有負面思考而產生變化，相反的那些對事物容易有正向積極想法的人，他們的大腦會對事物也容易有正向的思考而產生變化。如果你知道了這樣的訊息，只要光是不和負面消極的人交往，你就能免去那些無端浪費的負面情緒。

不煩躁的人，大多有習慣去積極傾聽他人幸福的故事和成功經驗。有些人或許是下意識地去聽而已，那就有目的的去習慣它吧。這樣一來，自己的大腦也會隨著漸漸變的正向積極。

chapter 2

09 不要因為聽了別人的建議才積極面對

在你身邊，應該也有過份積極向上的人吧。在那些人當中，有些看起來是否有非常疲倦的樣子。

因為對正向積極的思考有很好的印象，所以也許會不自覺地對自己有一種厭惡感。這種想法完全沒問題，也沒有錯。**但是在情緒管理技巧當中，並沒有「正向思考最棒」這樣的說法。**

前一段文中也提到，面對事物的時候正向積極的做法比起負面消極的做法要好得多，這一點完全正確。但並不是讓你何時何地都用正向積極的想法。根據自己現實生活中的需要才決定你的積極度是有必要的。比如說明明已經被債務逼得喘不氣來了，但還想著「反正到了明天早上，應該就可以清帳了吧，所以今晚把手邊的錢拿去喝酒也沒關係」，像這樣荒唐無稽的正向思考是不行的。

為什麼不行呢？因為像這樣偏離了現實的正向想法根本連你自己的內心都不會相信。所以就算你不斷的把口號掛在嘴上，就算連你自己都會感到懷疑吧。

偏離現實的正向積極可以說是一種認知上的錯誤。而認知上的錯誤則源自於看不到真正的現實面。如果無法看清正確的現實，那麼當你回顧生活中發生的各式各樣事情時，情緒會無法穩定。所以無論如何，將所有事情都正向積極的去面對或思考是沒有必要的。

如果你願意那麼努力的話，那麼儘可能練習朝著去正確的判斷事情是否符合現實面，這才是正確的作法。這樣的練習並不困難。**每一件事情都有事實、主觀和客觀三面。對自己身上所發生的每一件事情一個一個去面對，你必須習慣從事實、主觀以及客觀三個角度來觀察自己做的方法是否處理得當。**

順道一提，從事實、主觀以及客觀三個角度來看新聞也是有必要的。新聞本身就是從帶有製作角度來看的一種主觀置入，所以練習的時候要特別注意將事實和主觀分開看待。

反過來說，切割事實和主觀兩面也可以說是一種很好的練習。

chapter 2

10 無須傾聽少數閒雜的意見

只要一說到「無須在意少數意見」這類的話，總覺得有點冷淡，而且會被認為沒血沒淚的感覺。但在現實層面上，社會中是真的有一些少數意見是可以不要在意的。

有一個詞叫做「少數閒雜的聲音」。**所謂的少數閒雜意見指的是對於那些根本不會造成困擾的事情大聲咆哮抱怨，或是進行客訴製造問題的人。也被稱作「說話激烈的少數派」**。比如像是對住家附近的托兒所發出的噪音有意見而集結成群的人們。這樣子少數的激烈反應，我並不認為完全是錯的，但我認為這些意見當中有絕大多數意見是沒有去聽的必要。

無論是誰都不喜歡承受別人的怒氣。即便我任職於情緒管理公司，但當我受到抱怨時，也很難保持好的情緒。因此，對於發怒的人所表達的意見和抱怨，我認為你大可不必全盤接收傾聽。如果自己判斷後覺得可以不用聽，那就選擇把耳朵摀上吧。

但是通常那種多一事不如少一事的人，雖然不想理會對方的怒氣，覺得對方很麻煩，但卻無論如何都覺得更應該要聽聽那些激烈的少數派的聲音。就算覺得對方不講理、很煩也必須聽，就算會讓自己煩躁也沒關係，因為這樣做可以避免掉對方持續不斷的找麻煩……。**結果就是會吵的小孩有糖吃，落得自己什麼也沒有。**因為自己沒有意見，因此就把權力讓給聲音大、意見多的人。這形同於你放棄了自身的權益是一樣的道理。

這樣的事件持續發生的話，你根本沒有辦法活出自己的人生。這樣一來，你的人生將落入被他人左右的窘境中。不僅連自己生氣的情緒都無法克制，甚至連任何人都可以支配你的人生。

不浪費時間生氣的人，對於對方的意見是否強烈，一旦只要自己判斷沒有必要聽的話，就會毅然決然擺出不接受的態度。只要學會拒絕理會那些鬧雜的聲音，就不會無端生氣或煩躁。

chapter 2

11 慎選朋友

美國有名的企業家、演講家同時也是作家的吉姆羅恩（Jim Rohn）曾經留下一句名言：「你的能力，就是你最常相處的五個人中的平均數（You are the average of the five people you spend most time with。又稱五人平均值理論）。」

倫敦大學政治經濟學院的行動科學教授Paul Dolan在自己的著作《幸福的選擇、不幸的選擇》（早川書房）一書中也提到，如果想要獲得幸福「要多和幸福的人以及朋友在一起，不要再接觸那些不幸的人」。**我們自己好像不論好壞都只能跟自己同溫層的人在一起**。就算偶爾和不同世界的人相處，也許確實會覺得有趣，但總感覺到不是那麼舒服踏實，你應該也有這樣的經驗吧。

比如說，在我的人生經驗中，目前為止和上流社交圈是無緣接觸的，如果有一天我有機會參加社交圈的宴會，一開始一定會很興奮的想著會遇到哪些人。但恐怕結果是沒有機會和任何人說話，站了一晚當壁花吧。

人不會選擇待在讓自己不舒服的地方，而且會對那些和自己類似的人感覺親切，所以同類型的人就會集中在一起，這是一種自然的選擇。

有人非常努力地想要拓展人派，但那些人脈如果和自己的水平高度大不同時，那也只是增加讓人不舒服的社交場所而已。這樣的人際關係不會長久。而且可能還會對這麼做的自己感到生氣不已。

朋友的多寡並不代表價值高低。無論你有多少朋友，說句不客氣的話，如果那些朋友的屬性都一樣的話，你的世界根本不會有任何變化。

過度去擴展不適合的人脈，或是拼命地去增加同質性的交友數，這些都不是好方法。你應該要讓自己的世界更寬廣，試著交往一些不但幸福而且能提高層次的朋友吧。

chapter 2

12

即使是長輩也無須附和他的價值觀

每個人自身的各項行動準則，基本上是取決於人們自己認定的各種信念以及價值觀。

在情緒管理的用語中，稱它為「核心價值」。「應該是這樣吧」等等這些在人們心中認為「～～應該」的事情都可以這麼形容。

這個核心價值是從家庭中建立而來的。我們從一片空白開始漸漸架構屬於自己的價值觀，而影響我們最深的就是父母。

父母親為了孩子著想，辛苦的守護孩子，所以會表現出「這樣做比較好」的想法。於是在不知不覺中，自己的「應該」就已經被深植於腦海中了。**但是這些父母親的「應該」，最後帶給孩子的經常是痛苦。**

下意識中因為延續父母的價值觀而感到痛苦的事情，大家各不相同。比如像「結了婚就當然要生孩子」這樣的觀念除了父母之外，普世價值也大多如此。因此如果選擇不生孩子或是不結婚，就會變得一直很有罪惡感。另外像是「男生要像個男子漢」、「女孩就該有女孩的樣子」這些價值觀，也都在家庭中建立而成……為此而苦的大有人在。

這些事情如果是日本人的話，能夠理解「應該」要回應雙親的期待的人我想是不在少數，但是外國人並沒有這樣的想法和感覺。

我自己本身就曾經因為父母要求「應該要有～～的樣子」而痛苦。明明是自己的人生，卻不能自己做選擇。我的外國朋友無一例外，據他們說他們的人生都是由自己決定的。**即便是有孩子的父母親們，也會被告誡說：「那不是你的人生」**。

自己的人生無法自己作主，成為別人價值觀的奴隸，我想應該沒有人想要這樣的人生吧。即便想為父母的價值觀辯解或追隨他們，但父母卻無法對你的人生負責喔。

你的人生屬於你自己。

chapter 3

第三章

不再為工作生氣的習慣

chapter 3

01 憂鬱星期一不再來

心平氣和不焦燥的人，通常都不會勉強自己一定要公私分明。不管是上班日或休假日，他們讓自己的感情或是想法自由來去，並不特意去區分。

如果你硬要切割開上班和私生活的話，恐怕會有反效果。有一種說法表示，當你越有目的性的想要切割掉工作的時候，反而會將你的意識更往工作裏推去。尤其是「假日一定要休息」的想法，以及「一定要清楚劃分工作和私生活」這種想法很強烈的人。反效果發生在他們身上的可能性相當高。

公私如果不分清楚就會覺得有壓力的人，可以說是本末倒置了。**而且，如果勉強地想要轉換兩種生活情緒的話，會變成過度意識到工作即將開始，星期一就會變得很憂鬱。**

我認為這和很多人對瞑想的誤解有一些相似之處。大多數人會覺得瞑想就是「腦袋放空」、「什麼都不去想」，但這種解釋並不正確。**所謂的瞑想，目標並不是放在讓一切都變成無的狀態，而是讓你腦海中不斷浮出的畫面流淌而過。**對於那些浮出的畫面，不必一直繞著它們思考，只需要靜靜的看著、觀察著就可以了。

對於平日和假日的生活態度也是一樣的。一旦有了「假日絕對不去想工作的事」這種想法，反而無法確切區分。所以如果你在休假中，腦袋忽然浮現和工作相關的點子或擔心的事時，不妨就讓它靜靜地在心中流過吧！

如果硬要勉強自己打消這些擔心的念頭，反而會造成你的壓力。

chapter 3

02 不去明顯切換 ON 和 OFF

近年來社會上漸漸重視「工作與生活上的平衡（work-life balance）」，日本政府推出的方針「工作風格改革（work style reform）」也是為了要改變這種長時間工作的現狀，想要明顯區分切換 ON 和 OFF 的政策。

這一定是受到社會大眾歡迎的吧。只是，在制度面上來說雖是一種好的政策，**但我們畢竟是人，真的有辦法那麼輕易就做到切換 ON 和 OFF 的動作嗎？**我個人是抱有疑慮的。

無論進行幾次切換 ON 和 OFF 的動作，我們的身體和心靈終究原本就是合而為一的。就算在物理層面上來說身體已經離開職場，但如今手機和平板電腦這麼方便的時代，只要想做，無論何時何地只怕都離不開工作。當然，一到週末，走出公司大門馬上將工作拋到九霄雲外的、果斷的轉換氣氛馬上充滿元氣的人也有。我覺得對這些人來說，如果能夠充分享受 OFF 的存在是非常好的。

但相對來說，儘管是休假但腦中放不掉工作的也大有人在。這一類的人會因為自己「無法順利切換 ON 和 OFF」而感到焦慮，覺得自己很差勁，有一種比不上人家的感覺。但是，這並不是什麼大不了的事情，因為無論是 ON 或是 OFF，都是你自己啊。

所以首先讓我們一起忘記這個「切換 ON 和 OFF」的概念吧。

然後試著接受「ON 和 OFF 是一樣的」這個想法。

沒有必要勉強自己去改變 ON 和 OFF 的意識。

無論是 ON 或 OFF，當我們能夠接受用「任何狀態下的自己」過生活時，那些多餘的焦躁自然就減少了。

chapter 3

03

貫徹「2分鐘法則」不再拖拖拉拉

當你覺得總是焦躁不安的時候，是不是有一些不得不做的事情被自己拖拉的態度拖延了呢?這種狀況應該不少吧。我想大家都有這樣的經驗，雖然說事情一定得在某個時間內完成，但在認真去做之前，應該都浪費了大把的時間吧。

會延遲完成時間的原因在於，你的負面消極想法太多了，像是討厭、不擅長、麻煩等等所以「連想都不去想」、「碰也不想碰」。所以事情會被耽誤是因為，你對於事情的思考時間太久了。結果，越是拖延，越是相對耗掉更多時間，最後嚐到苦果的必然是自己。因而自己對這些事情不擅長的想法也就持續不斷地輪迴下去。

對於拖拖拉拉這件事也是會產生罪惡感的。這也正是「總覺得煩躁不安」的最大原因之一。

如果不想要輸給這種拖拖拉拉的習慣，必須做的事情想要馬上完成，我自己有一個「2分鐘法則」提供給大家參考。**這是企業顧問大衛艾倫（David Allen）所提倡的工作效率法中的一種。方法很簡單，就是花2分鐘的時間當下解決掉該做的事。**

你會意外的發現很多事情花1分鐘雖然不夠，但是卻也花不了3分鐘的時間便可完成。

像是：

- ◈ 回電子郵件。
- ◈ 整理名片。
- ◈ 整理書桌。
- ◈ 計算申請的經費。
- ◈ 確認會議和協商的日期。
- ◈ 倒垃圾等等。

只要一察覺就趕快讓自己動起來，一定可以不煩躁的完成事項。

chapter 3

04 善用「10分鐘法則」完成不想做的事

那麼，如果是必須花2分鐘以上的時間才能完成的事呢？對於這一點，我也有一個「10分鐘法則」。就算是自己不擅長或是討厭的事情，我規定自己必須花10分鐘集中注意力去面對它。

以我自己為例，對於閱讀理解契約合同或是商業相關的資料這方面我一向難以應付。因此，我深深覺得如果不集中精神去閱讀的話根本無法深入理解，所以這一類的資料往往就不知不覺地被我丟在一邊延宕了。但是這樣一來，這件事始終在腦中牽掛著，總覺得鬱悶不已。**像這樣的事情，只要集中精神花個10分鐘讀完它就能解決了。**

即便只有10分鐘，如果能夠專注精神去做，那麼大部分的事情大抵上都能獲得某一程度的解決，就算無法解決但起碼能抓到一點頭緒。

在書面資料方面至少要能知道自己不懂的地方是什麼，如果敷衍了事放著不管的話，可以確定的是在什麼都不理解的狀態下，對於接下來的判斷和執行一定會產生全然不同的結果。當然，在心理的從容和鎮定的程度也就大不相同。

正因為是不想做的事情，所以更是無法快速完成。這樣的情形只要制定一個法則，就不會再有「啊啊、好煩喔！」、「到底要怎麼辦呢？」等等讓你鬱悶的繞著它打轉的情況發生。你的情緒會變得輕鬆，也能減少那些沒必要的煩躁。

情緒管理中，行動的掌握是必要的。如果有什麼自己能夠掌握控制，並且能夠被改變的話，那必定是你現在選擇馬上積極參與的事情。

有些明明可以被改變的事，我們卻因為經常把「無法改變」掛在嘴上而感到沮喪。相對來說，想要改變那些無法改變的事也相當令人沮喪。那麼就找出那些只需些許挑戰性並有可能被改變的事情，去積極的改變它吧。

chapter 3

05

不用勉強自己閱讀

身為企業人、經營者、講師、父親……等等角色的我們，經常因為身處各種不同身分而被要求要「努力學習」。

社會的變化日新月異，尤其是工作上如果不努力求新求變，新的資訊轉眼就變成舊的，而努力習得的一技之長，不知不覺中就成為陳腐的東西了。

正因為如此，如果你不努力學習而把享樂擺在第一的話，就會漸漸覺得焦慮和罪惡感，這就是導致你焦躁的來源。

身為社會人最容易做到的一個學習方法可以說是閱讀。我個人因為工作的關係，一年大約要閱讀二百本書。但如果不是因為工作，我可能達不到這樣的閱讀量，說實話看漫畫還更快樂些。

閱讀的好處在於透過編輯的專業，將作者的知識和經驗進行系統化整理，讓你能輕易讀取這些被整理過的資訊。歸納了許多新資訊的書是一項最好的工具，用閱讀來進修是一件再正確不過的事。

但是如果不閱讀，人生就真的無法精彩豐富嗎？當然，沒有其他方法比閱讀更好，但是也不能武斷地說非閱讀不可。

另外，有人買了書就覺得安心，但如果不去閱讀也是枉然。現今電子書很普及，已經很容易在網路上就能買到書了，我經常發生忘了自己已經買書而且忘了去讀的狀況。在發現到這一點之後，我改變作法，在能閱讀的情況才購買想看的書，不再有「買了一堆書卻堆在旁邊不看」的狀況發生。

至於閱讀的缺點，那是屬於個人的意見。當然每一本書都反映出作者和編輯，以及製作這本書的相關工作人員的意見和想法。如果在不知道這個前提之下閱讀的話，也很有可會不知不覺間受到他人的影響。

資訊和知識其實就散佈於日常的各個地方。如果你發現了隨時收集進而整理的話，其實在不閱讀的狀況下也可以學習到許多東西。

chapter 3

06

無須因為不努力學習就有罪惡感

對寫書的我來說，閱讀或是參加研討會這一些人們所謂的「努力學習」的事情，其實不做也沒有關係。因為你還能從其他方面獲得經驗和知識，也能從各種管道加深自己的見聞。

以旅行為例。旅行其實是和讀書或參加研討會不相上下的事，甚至可以擁有更多體驗。而且和閱讀及研討會不同的是，旅行是親身的所見所聞，所有的經驗都能化為自己的資訊和知識。但請千萬不要勉強自己去旅行，這和不要勉強自己閱讀是同樣的道理。尤其是如果因為做不到而產生罪惡感的話心態就不對了。

為什麼有罪惡感是不好的呢？因為一旦有罪惡感就會很容易產生憤怒的情緒。**憤怒的情緒被稱之為二次（次級）情緒。因為是二次情緒，也就當然有所謂的一次（初級）情緒。**

現在請你試著想像你的心中有一個杯子。在杯中我們注入了罪惡感、不安、痛苦、難過等等一般所謂的負面情緒（一次／初級情緒）。當杯子被一次情緒注滿的時候，如果一旦有某些原因引發它溢出來，就會變成怒氣。

罪惡感是一次情緒中最大的一種。越是容易覺得內疚的人，內心越是讓自己陷入在一種容易發怒的架構中。

「沒有努力學習是不對的」、「做不到的自己真沒用」這些責備自己的想法都是沒有必要的。人生並不會因為你沒有閱讀而完蛋，不能出去旅行也不代表你就無法學到其他任何東西。

chapter 3

07

想休息就休息吧

「不想去上班！」出現這種心情的時候就讓自己放假吧。

這個問題可以說是自古以來就有，至今也仍然存在著。

我自己本身很喜歡工作，所以近五年來幾乎沒有休息不間斷的工作著。雖然我是這樣子的人，但我覺得早上起來感覺有「不想去上班」的時候，就讓自己休息也沒關係。

大多數的人雖然也這麼想，但實際上卻還是覺得不能休息，那是一種理所當然的感覺吧。**但是如果你在一種完全沒有鬥志下的狀態下工作，工作的效率其實反而無法提高。**

不僅如此，你的壞心情也會影響到同事或下屬讓大家覺得困擾，一旦有人帶著煩躁的情緒工作，也會給周遭的人帶來困擾。另外，如果頂著一張疲憊的臉工作也會覺得不安。不但自己覺得厭惡，也連帶地帶給旁人不好的影響。如果你能想通這一點，就等到恢復元氣再上班吧。

「不想去上班」就是一個十分充分的理由。

話雖如此，但在生活環境不允許、或是制度不夠友善的情況下，會發生許多狀況吧。但是，如果你不對這樣的普遍共識或理所當然的情況提出質疑或採取行動的話，什麼也無法改變。

恐怕大多數的日本人會覺得「這樣就休息可以嗎？」但我認為這樣的心態和想法，並不適用於全世界的標準。

前面提過即使是一直在工作的我，近半年也開始有意識的決定開始休息。至於什麼時候？什麼地點？才是回去工作的最佳時間呢？「多多少少讓我工作吧！」、「我想念工作」，在這個想法出現之前我還是暫時休息吧。

在提倡工作風格改革的今日，最重要的就是將我們心中對於請假休息這件事消除掉過多的內疚感，我認為突破這層障礙是有必要的。

chapter 3

08

理直氣壯地給自己放特休吧

前陣子網路上一篇關於「上班族無法取得特休（指帶薪休假）的理由」的文章，吸引了許多關注的目光。

這篇文章的內容描述上班族因為「宿醉」、「沒有心情工作」這些理由無法得到合理的特休。文章的結論是「特休雖然是上班族的權利，但還是希望大家能夠節制的使用」。

但是勞動基準法所認定的「特休」是勞動者的權益。而且原本就沒有義務要跟公司報告請假的理由。

我們每個人身上背負著權力、義務、慾望，這些都是完全不同的東西。但是很多人會將這三種東西混為一談。

權力是你可以做的事。

義務是不能不做的事。

慾望則是想做的事。

向公司請假是你的權利。行使自己的權力並沒有什麼不對。如果將權力、義務、慾望三者混為一談，就會產生無謂的煩躁感。

當然以另外一個角度來看，公司方面也可以依營運狀況拒絕，這稱為公司的淡旺季變更權。

目前社會中充斥著黑心企業和過勞死的問題，這篇文章當然受到許多批判，顯然是把自己架在火上烤。日本是全世界特休率最低的國家，從這個休假事件來看，我深深地感嘆，日本人為什麼有那麼深的罪惡感呢？

chapter 3

09

為什麼即使痛苦還是要上班呢

我個人認為，當你真的覺得很痛苦的時候，無論是學校或公司都沒有去的必要。我真的不懂到底是誰規定一定要勇往直前奮戰不已的。實際上這是一個定義不明讓人搞不清楚的美德。

我在小學三年級的時候曾經被霸凌，大家做過最過份的就是叫全班的同學（男女都有）將桌子都集中排列，讓我一個人孤零零地吃著午餐。當時的導師是一位20幾歲的年輕女老師，現在回想起來當初她應該也是經驗不足吧。我記得她當時問我：「安藤君，你怎麼了？」但當時小孩的我心裡想著：「什麼怎麼了？你一看不就知道發生什麼事了嗎！」

後來我用自己的意志抗拒去上學。父母雖是雙薪家庭，但我認為媽媽應該有察覺到我沒去學校，可是她什麼話也沒說，就接受了我不去學校的行為。我一直覺得，正因為那個時候我沒有被強迫去上學，所以才會有今天的我。

那段時間就這樣過去了，然後我升到五年級也換了班級，就彷彿沒發生過似的，被霸凌的事件就沒有再發生。

在我發生被霸凌事件的三年級那一年，我的出席天數大約只有50天。到了五年級我缺席的次數只有一次。狀況一旦改變，整個情勢也會隨著發生重大改變。

像這樣的狀況並非只發生在孩子們身上，成年人也是一樣。就算現在很痛苦，但並不表示你會一直痛苦下去。**如果你像我一樣，選擇離開會讓你痛苦的工作環境，那麼痛苦應該就再也不會如影隨形了。**

但是我們卻常常會忘了有選擇權這件事。我希望大家在碰到瓶頸的時候，在你被逼到走投無路之前，能夠想起來你還有其他的選擇。並且，我希望也將這樣的方法教給孩子們。

chapter 3

10

別因對方用 LINE 請假而生氣

在某一個電視節目中做了一項調查，內容是「你遲到時會用 LINE 跟上司聯絡嗎？」，答案有「會」和「不會」兩個選項。結果數據顯示「會的」約 20%，「不會的」約 80%。但是我認為這項調查結果會因為詢問對象的不同而有很大的差別。

也就是說，如果你問的是年輕人，那回答「會的」一定很多，相反的，如果調查的對象是中高年齡層的話，回答「不會」的占大多數，這一點也不難想像吧。**像這些習慣的不同，也是造成我們在工作中容易煩躁的一個重要原因。**

我們舉一個例子來說，在公司裡隔壁桌的電話響了，新人沒有去接，老闆因而斥責新人：「為什麼不接電話？」但卻得到新人一臉惶恐的回答：「可以隨便接別人的電話嗎？」

現在的年輕人，大多家裡已經沒有傳統家用電話，都是各自擁有手機。這樣一來，在公司幫別人接聽電話的行為如果從這個角度思考的話，就等同於幫別人接聽了手機一樣。

由於世代交替而產生的習慣差異是很自然的事。像我在某一個時期，發現經常收到沒有標題的電子郵件，總覺得怪怪的。

但是有一次我問了年輕人這件事，才知道年輕人所使用的 LINE 或 Messenger 這些社群網站原本就不需要輸入標題。也就是說在他們和朋友聯繫的時候根本沒有寫標題的習慣。

習慣的不同沒有對或錯，純粹就只是不同而已。如果為了這一點一點的不同而焦躁的話，那你還是積極的去和其他世代的年輕人學習新的溝通方式，這樣不但可以快樂些，也可以擴展自己的視野。

即使是 LINE 的使用，也會因世代差異而有不同的價值觀。以前「已讀不回是不禮貌的」是一個共有的價值觀。但是現在「確認已經讀取」就可以的人似乎也很多。

類似這樣溝通的方式以及管道，還會繼續變化更新。如果你能察覺到自己的溝通方式已經落伍並做好準備享受新事物的話，煩躁不安自然就會離你遠去吧。

chapter 3

11 多說廢話只會引來麻煩

有些人為了發洩對工作的不滿會不斷抱怨或發牢騷。但其實不僅僅是工作，抱怨本身就是會讓你漸漸感到煩躁的壞習慣，馬上戒掉吧。

當你在準備考試的時候，比如要背英文單字，你會怎麼做呢？恐怕就是不斷的書寫單字然後反覆地默念背誦把它記住吧。

背誦英文單字就是一個反覆練習的過程。為什麼這樣子反覆的練習過程能讓單字固定在記憶中呢？**換句話說，不斷的反覆抱怨發牢騷這件事，就會變成是特意的在自己的記憶中牢記那些抱怨的一種過程。**

在自己抱怨，或是聽到別人發牢騷時能完全不受影響，保持自己心情愉快的人也有吧，但這只是幻想。如果想要心情愉快，其實還有其他許多方法。像是做做伸展操或進行肌肉訓練都很好。或是讓自己輕鬆地享受泡澡應該也不錯，發牢騷真的不是一個聰明的做法。

有時甚至更嚴重的，在發牢騷的同時不自覺的將自己過去的情緒誘發出來，然後讓自己深陷在那些情緒當中。這樣一來，無論經過多久時間，你自己的心態會一直覺得無論如何自己都是對的，對方是錯的想法，並將這種想法合理化。因此也就無法將憤怒情緒轉化朝向有建設性的方向發展。

憤怒是一種非常擅於破壞的情緒，但從另一角度來說，因為不甘心所以更加發憤圖強，因為不想輸所以努力不懈等等，這些都是將憤怒轉化為動力然後讓自己動起來重建人生的方法。憤怒的情緒，對人們來說是一種非常自然的感情，沒有它或感受不到它的存在都是不好的。所以我們不如將它用在有建設性的方面，這樣一來無論是對自己或周遭的人都是一件健康的事。**在我們想要將憤怒的情緒轉向積極健康的道路時，發牢騷、抱怨正是最大的絆腳石，而搬出這塊絆腳石的正是你自己。**

喜歡一直發牢騷的人是沒有任何吸引力的。我知道有些愛生氣的人依舊受到尊敬，但我卻沒有聽過愛發牢騷的人是受歡迎的。

愛發牢騷這行為本身就是自己已經被憤怒的記憶給支配了，因此也會失去旁人的喜愛。愛發牢騷這件事，對於你想和憤怒的情緒和平共處來說絕對是有百害而無一利的。

chapter 3

12

專心思考「要如何完成工作」

「為什麼報告還沒交出來？」

「為什麼這一點小事要花這麼久時間？」

「怎麼說你就是不懂呢？」

很多人應該都記得自己曾經這樣斥責過下屬或新人吧。這些斥責的話中有一個共通的特點，就是想要知道原因。一般來說，這是一種很平常的責罵方式，看起來似乎沒有特別的問題。但事實上卻是效率很差，而且往往會讓問題變得更複雜。

解決問題有兩個方向，一個是原因取向，一個是解決取向。

如果是原因取向，那就要對問題追根究底、而且在不再發生同樣問題的前提下解決掉這個原因。另一方面，解決取向的考量方式則是先把問題的原因暫時先擺在一邊，重心放在要如何先解決目前的問題。這兩種解決問題的方法都沒有任何對錯之分。但是他們各自有擅長發揮的領域。

如果是因果關係明確的問題，就適合用原因取向來解決。也就是說，如果知道因為A這個原因會導致B這個結果，那麼只要找出原因就好了。最適合拿來比喻這個原因取向的例子就是明顯過失導致的醫療糾紛，以及在生產線上發生的單純錯誤等等。

另一方面，適合採用解決取向的像是人際關係、想法、感情問題等等。在這種時候，即使知道A是原因，並不能確保結果一定會是B。

舉一個例子，比如說你是高中的網球教練，你知道某一個隊員有潛力可以進入全國高中統合體育大會，於是你分析他的不足之處，結果卻發現「原因出在於國中時的網球教練的教法是錯的」，那麼即使發現這個原因，也沒有辦法做些什麼，因為這不是原因取向可以解決的問題。

在我們想要解決問題的時候，通常習慣性的會想要找出原因，那是因為我們從小就被灌輸原因取向是正確的。但是像剛剛網球選手的問題，雖然找到問題但卻沒有合適的解決方案，這樣的情況其實很多。

與其被自己的過去綁架煩躁不安，還不如優先考慮自己將來要怎麼做比較好。從中去填補理想和現實之間的差距，這樣一來在心理健康方面是較有優勢的。

首先，讓我們先將口頭禪「怎麼做不好呢？」改成「該怎麼做才能成功？」吧。

與其苦苦追究原因，還不如思考未來的理想，才能讓你遠離焦躁。

chapter 4

第四章

不再對自己生氣的習慣

chapter 4

01

「好人」是煩躁之源

每個人都希望「自己能夠被對方理解」。

另一方面來說，要讓對方理解自己難道有那麼容易嗎？

為什麼對方不能明白自己呢？

我認為，這其實應該不是一件困難的事。只是單純的希望對方了解自己、明白自己而已。我自己也有過這樣的經驗。

以前大家都認為我是個抗壓性很高，很有耐心的人。

所以上司總是認為：「越是給安藤壓力，他越是能有好的成績出現」。這對上司來說是一種很自然的判斷，但是其實我的感覺經常是，這些要求大大超越了我所能夠承受的範圍。

但是自己當時對自我要求很高，「不能輸給壓力」、「自己做不到」這些話是說不出口的，因此只好每天扛著這些快把我輾碎的壓力繼續工作。當時無論是工作或是上班對我來說都只有痛苦的感覺。但是偏偏又不願意讓別人看見自己的脆弱。

本來是「希望對方同理自己」，結果卻變成了「為什麼就是不能理解我呢？」的憤怒。儘管是自己親手埋下了憤怒的種子，卻還是任性的發脾氣了。

為了掩飾自己的弱點，卻遭到周遭人的誤解，讓整件事對自己造成負面的情緒壓在自己身上，這種經驗真的是讓人感覺非常不愉快。

現在的我則以真實的面貌呈現在大家面前，因為可以自由的表達自己，所以在人際關係上就感覺不到壓力了。

「為什麼這個人不能明白我呢？」當你有這種想法的時候，也許你可以透過周圍的人看到那個「經過包裝的自己」。

想讓大家都覺得自己是好人，而且很酷很帥，這種情緒我能理解，但是這種想法只會讓自己焦躁不安。越是偽裝自己，就越是讓自己將煩躁的種子一點一點的栽種下去。

chapter 4

02

積極的開放自己

在人際溝通技巧中有一種理論叫做「喬哈里資訊窗（Johari Window）」，根據這個理論，把人的內心比喻為一個窗子，他被分為四個區域：公開區、盲區、隱藏區、封閉區，我對這四個區域進行一點說明

①開放我（自己和對方都知道的資訊）。

②盲目我（自己不知道，但對方知道的資訊）。

③隱藏我（我自己知道但別人不知道的資訊）。

④封閉我（雙方都不了解的自己）。

一旦溝通的部分觸及到雙方都不知道的資訊時，就無法有效的進行溝通。

所以為了讓溝通能順暢地進行，他們會建議擴大自己開放我的資訊。

這當中必須做的事是積極的敞開自己，如果你自己的曝光度不夠高、資訊不夠透明，可能就無法進行有效的溝通。因為你並沒有把真實的自己放在大眾前面，所以當然就會造成起始點的不同。

假設對方理解到的你，是經過偽裝的那一面，那麼對方所認識的就不是真正的你吧。經由讓自己的訊息透明化，一開始對方就能了解真正的你，這樣你才會有被了解的真實感。

如果要避免不被了解所產生的焦躁感，那就誠實地拋出自己的訊息。無論在哪你都可以公開你想被了解的訊息，一般的社交場合當然沒問題，甚至網路社群也可以。

不過度誇張，不多加掩飾，不說謊，不吹牛，當然，也不需要太過謙虛。

無論何時都要記著展示自己最真實的一面，其實這也是遠離焦躁，過得開心的要領。

chapter 4

03 享受「一個人的用餐時光」

前陣子大學的食堂裡，在座位區中利用屏障設立了許多一個人的用餐席，也就是所謂的「個人座」。這個作法引起了熱烈的討論。大家對於一個人吃飯這件事似乎覺得是一件很大的障礙。

為什麼大家會對一個人用餐這件事這麼牴觸呢？理由不外乎是「太在意別人的眼光」、「會被認為是沒有朋友而覺得不好意思」、「不知道該如何度過那段用餐的時光」等等。**但是我一點都不覺得一個人吃飯是一件可恥的事。**當然，和一群朋友一起吃飯會覺得非常美味，和最親愛的家人一起圍著餐桌吃飯也是很棒的事，所以道理是相同的，如果一個人靜靜地用餐應該也能愉快的感受美食。

覺得「一個人吃飯」很可恥的或是覺得心裏不舒服的人，也有可能是因為太在意世人的眼光。這樣子的人，在別的事情上面，應該也很容易有這種傾向吧。

◈自己並沒有什麼想法只是隨波逐流。
◈自己一個人沒有辦法行動。
◈如果沒有受到邀約，自己也不主動出擊。
◈想不出自己一個人的時候要做什麼。
◈總是把「隨便，都可以啊」掛在嘴邊。
◈經常擔心周圍的人介意自己是否合群。
◈很在意流言蜚語和中傷的話。
◈很難面對意料之外的事情。

如果你發現自己已經過度在意他人眼光的時候，不妨試試特意一個人到沒有去過的餐廳用餐。要養成不煩躁的習慣的話，不要在意他人的評論「一個人靜靜的用餐」也是非常推薦的方法喔。

chapter 4

04

寫下「自己不想做的事情」

每年到年初一月或是學期初四月，就會有很多人想著要「立下學習的目標」或是「把今年要做的事情列出來」。我在這裡要推薦的則是逆向思考法：「把不想做的事情列出來」。

請大家回想一下，去年一月所立下的目標之所沒有能夠達成的原因，不就是「因為時間不夠」嗎？我想恐怕大部分的人都是這種狀況吧。**而時間不夠用的原因則在於大家花了許多時間做一堆不需要做的事情。**把那些浪費掉的時間拿來用在真正需要的事情上，說不定就能達成目標。所以，同時列出想做的事和不需要做的事對達成年度目標來說是很重要的。

以我自己為例，我會首先決定兩件絕對不做的事。一件是「不出席跨業交流活動」，另一個是則「不使用私人的社群網路服務」。跨業交流本就沒有積極參加的必要，所以近年來我已經不再積極參與，理由是去了之後經常會覺得「果然沒有來的必要」。至於社群網路服務在第二章已經談過，因為我覺得即使不使用也沒有特別的困擾，反而還更輕鬆。如果是為工作需要，那就沒辦法，但私人方面基本上我是不使用的，也因此讓我省下許多寶貴的時間。

「列出不想做的事情」是為了要騰出時間去做自己想要做的事情。趕快在清單上列出那些花了時間也達不到效果或是會讓你後悔的項目吧。

在清單上也必須清楚明確的寫出理由，因為即便你的決心很強大，但一旦遇到生活當中的瑣事時，也會有忘記的時候。所以經常拿出清單來看一看也是達成目標的一個助力喔。

對於目標管理來說令人覺得意外並且重要的是，明確寫出「不需要做的事」。你自己呢？已經找到「不想做的事了」嗎？

chapter 4

05

身邊的東西夠用就好

你身邊擁有的東西是多還是少呢？你是屬於哪一種？

如果你很有自信的說「自己是東西不多的人」，那代表你對於情緒的控制很拿手。相反的，如果是擁有許多東西的人，很有可能會經常白費怒氣。身邊持有物的多寡，和你焦躁的情緒有著密不可分的關係。

你所擁有物品的數量，正是你不安的數量。非常不安的人大多傾向擁有許多的東西。在我們的日常生活中，其實真正需要的東西並不多。

例如牙膏用完了再買就好，另外像是衛生紙，如果本來就有，那夠用就好。但是我們會不斷買進各種東西，原因就是沒有安全感。「如果用完了怎麼辦？」、「要用卻沒得用的時會很困擾」等等，就是為了這些不安全感而買了超過自己需求的東西。

其實不只生活必需品，我知道有不少人都有許多穿不到的衣服。這些衣服也是基於「應該要買一件這樣的衣服」的不安心態才買的。比如說：「為了偶爾會舉行的宴會還是買吧」等等原因而買了實際上不需要的衣服。

另外在旅行的時候，也經常帶一堆沒有用的東西吧。在考慮要帶哪些東西的時候「這個能夠派上用場」、「為了預防萬一」等等，會有各式各樣的想法在腦中盤旋讓人掛心。

不安是一種惡性循環。因為不安而買東西，東西一增加反而搞不清楚自己買了些什麼，於是又買一次。買到家裡堆滿了東西，就更搞不清楚自己到底擁有多少東西了……。

因此，請將家裡的物品列一張清單，去了解對自己來說真正需要的東西是什麼。

如果你是那種對突然需要整理家裡覺得很困擾的人，那麼我會建議你首先從你的錢包開始檢查吧。

每天在出門前檢查自己的錢包，把當天用不到的東西取出來，當這件事情成為習慣後，漸漸地你的不安和身邊的東西應該都會慢慢地減少。

chapter 4

06 消除過去焦慮與未來不安的方法

總是覺得焦躁，總是覺得不安。但大多數的人對於焦躁不安的理由卻無法用言語清楚地描述出來吧。由於無法用語言清晰的表達，所以自己也不知道要怎麼辦才好，總覺得日子過得非常沉重。

這些總覺得煩躁不安的人中，有很多人是在潛意識中都被過去綑綁著，或是對未來感到不安而飽受折磨。以憤怒的本質來說，堅持度越高的人這種傾向越是強烈。

另一方面來看那些不焦躁，生活總是過得自在的人，不會去思考現在以外的事情。無論是過去或未來，在眼前都是不存在的。因此他們能夠充分理解即使去想那些眼前看不到的事情也沒有意義。

我們人的意識，總是會自由的來去，穿梭於過去、未來或者其他地方。**因此縱使**

身體現在就在這裡，但自己的意識和心靈卻不在，這樣身心就無法合而為一。

身心無法合一，一旦七零八落，對健康來說可是一件不好的事情。

自古就有身心靈要保持平衡的說法，一旦七零八落就無法保持平衡。

但即使你的腦袋決定「不要再為過去的事情煩惱」或「不要去擔心那些還未發生的事」，但是實踐起來卻非常困難。「不要想、不要想、不要想……」因為你越是這樣想，就越會產生相反的效果讓你不斷的去想。

當你覺得「好像有點煩躁」的時候，請你要隨時意識到自己現在身處在哪裡，然後保持身心健康。這樣才能夠愉快的生活。

chapter 4

07

確認是否充分運用自己的五感

自己被過去所束縛，或是正擔心著為未知感到恐懼，要發現自己有這種狀況其實很不容易，令人感到意外的困難。因為即使你的意識已經飛向過去或未來，但身體卻是真真確確的在這裡，所以非常難以察覺。

所以在自己不自覺感到不安、感到煩躁的時候，你可以試著猜想自己的意識是否已經離開了自己的身體。

利用你的五感視覺、聽覺、嗅覺、味覺、觸覺，試著去確認自己現在的狀況，很容易就能知道結果。

◈ **視覺——你正在看著眼前的東西嗎？**

◈ **聽覺——你能聽到周圍的聲音嗎？**

◈嗅覺——你能感覺到味道嗎？

◈味覺——你吃得出食物的味道嗎？

◈觸覺——你能感受到觸摸東西的感覺嗎？

如果你的五感機能正常發揮那就沒有問題。那表示你的意識和身體是同在這裡的。

但是，如果說「經常對隔壁桌同事的叫喚充耳不聞」或是「一邊滑手機一邊吃飯，無法好好的享用美味餐點」，像這樣的情況持續經常發生的話就要特別注意了。

如果從平時就養成身心靈合一的狀態，一旦習慣之後就能安心了，五感能夠充分運作是好的。當你感覺煩躁不安的時候，建議你試著當場踏步，集中精神去感受自己腳底的感覺。

chapter 4

08

再度呈現「最完美的自己」

雖然每個人都有狀況良好和狀況不佳的時候，但我覺得在我自己狀況不佳的時候我會用「再度呈現狀況良好時的自己」的想法，讓自己不被狀況的好壞所左右。這時最重要的是，你必須要能夠描述你自己狀況良好時的樣態並記錄下來。

所謂的狀態是一種個人的感覺，而要正確無誤地記住那樣的感覺是一項非常困難的事情。也就是說「現在覺得很舒服」這個感覺如果沒有用言語表達「現在覺得很舒服」的話，就很難再度呈現同樣的感覺。

每天從自己的身心狀態和想法中去意識到自己的「狀況不錯」的時候，就要詳細觀察，盡可能地用言語表現描述，可以的話用書寫的方式記錄下來。

比如當我們在身體狀態不錯的時候，很多人都會很自然做出的展開胸部伸展背部的動作。**但如果身體狀況不佳時，自己就要意識到必須重新展現身體的機能讓它**

恢復。實際上只要試著擴展胸部和背部伸展體操的動作，你會發現它也可以讓你心情變得更好。

說到重現，最佳的範本就是機器人和電腦。機器人和電腦的重複性之所以高，就是因為他不斷重複著一個又一個的動作並將其語言化。就算是再複雜的動作，無論重複幾次都能夠正確的呈現出來。至於無法記錄下來的部分雖然也有無法應對的弱點，但這一點，在人類的身上卻是完全看不到的。**只要重複累積語言化，就算是直接面對未知的事情，只要使用到目前為止我們身上所蓄積的能量就很有可能找到對應的方法。**

即使覺得自己狀況不佳，只要腦海中浮現出解決辦法就不覺得恐慌吧，當然也就不會讓自己被狀況的好壞所左右。因此，自己能隨時掌握自己的狀態並表達出來是很重要的。尤其我希望那些每天慌慌張張生活的人，你們一定要隨時意識到自己的心靈和身體的狀況。

chapter 4

09

感覺舒服的時候就該放手

在第二章的內容中有談到「人們會因為對方和自己相像而覺得有親切感，所以選擇待在一群同質性高的人群中是很自然的選擇」，這一點並沒有什麼不好。但是如果因為習慣了待在這樣的同溫層中而使得自己無法成長，也發現自己毫無進步的話，這也是因為選擇了舒適的關係吧。

認真來說，大家應該要選擇程度比自己高的人做為目標，就算是會覺得焦躁、會有一種委屈鬱悶的感覺，但是你真的必須要有勇氣離開現在的舒適圈，投身進入那個並不怎麼舒服的環境裡面才行。

我以前當普通上班族時，也是立下強烈的志願要創業，但因為身邊都是和我一樣的普通上班族，所以根本不知道要如何創業。創業到底是怎回事？創業之後會怎麼樣？這些事我當初根本就不懂。和同事們一起喝酒聚會時也會說：「我將來要創業」，但實際上並沒有採取任何行動。那時雖說不是滿足於當時的現狀，但現今回想起來，結論的確是如此，當時的環境就是一個舒適圈。

如果真正創業的話，應該就會正視自己是否有那個能力，這是你必須面對的殘酷現實。

但是如果因為不滿足於現狀因而有焦躁的情緒時，你能做的也只有離開這個舒適圈，大步邁進前往新世界去面對新的挑戰，勇敢的面對不那麼舒適的新領域吧。

也許一開始在新的地方會覺得有點焦慮不安，但反正那是因為自己無法滿足於現狀所產生的情緒，那正是改變我們世界的關鍵，一定要掌握住它。改變自己的世界真的是一件辛苦的事。

即使如此，如果只要改變環境就能夠改變自己的世界的話，那就放手去試試吧。

chapter 4

10 習慣享受一個人的時光

日本社會一向以工作人員具有豐富的協同合作精神而受到極高的評價。就如同聖德太子所制定的憲法17條中，其中一條就談到「以和為貴」，似乎這樣的想法自古以來就很容易讓大家接受。

也就是說如果在日本要用自己的價值觀生存的話可能是非常困難的。你會因為過度的在意團隊的合作協調，而讓他人的評價影響了自己的行動和選擇。

但是，經常在意別人意見並且總是配合別人的步調生活的話，在不知不覺中自己真正想做的事情就會下意識地被忽略或壓抑忍耐。這樣的狀態如果不斷持續下去的話，當然會招致焦躁。

合作協調當然是很重要的事。但也正因為如此，當你自己對自己的選擇以及決定的事情都時時產生懷疑、失去自信的時候，也就漸漸的喪失了自主性。結局就是，自己雖然以他人的意見為優先進行決定或選擇，但這個決定卻給自己帶來莫大的壓力。

在生活中不焦躁的人大多自己都有一套方法，能在每天的生活中重新找回自我。雖然方式有很多，但是比如說一個人去想去的地方走走、選擇自己想要做的事、找一個空間和自己獨處等等，這些都是找回屬於自己的時間、磨練自主性最合適的方法。

在這樣的時刻，我建議大家，無論是運動或殺時間的方法，都不要聽取別人的意見。不被別人的評論左右，自己決定自己要做的事最重要。

chapter 4

11 在吃到飽餐中選擇「不吃」

最近我常有機會在外國的飯店吃早餐。我進餐廳會稍微看一下周圍的人，結果發現了一件事。那就是，站在自助餐吧前的人們，他們的取餐動作，似乎正反映了他們自己的身心狀況。

以結論來看，將自己的盤子裝的堆積如山，拿取幾乎根本吃不完的量，這種就是容易焦躁不安的人。拿了許多菜餚的人，他們在這種狀況下，對於找出自己最必要的食物或是排列出想吃的優先順序的能力是比較弱的。

自助餐廳中會同時陳列許多不同種類和口味的菜餚，因為「什麼東西都吃得到」的狀況下，所以確實是充滿了魅力。

但是當人們看到這麼多豐盛的食物時，會覺得眼前所看的無論是哪一道菜一定都很美味很想吃吧。於是依次一道一道的拿取裝盤，雖然那一瞬間感到非常滿足，但結果都是吃不完剩下來的情形較多。即使是勉強自己把東西吃完，結果肚子一整天都是撐的。一天的開始就把肚子吃得太撐讓自己不舒服，後悔的人一定也不少。

不論怎麼看，這些人對於自己的食量根本就沒有概念，也就是說根本不了解自己。

我相當喜歡「知足」這個字眼，但是只有心有餘裕的人，才能真正理解知足的意義。

所以就算是飯店的自助餐與平日吃的內容不同，你還是可以選擇和平常吃的東西沒有太多變化的食物，以平時的量讓自己吃飽有滿足感就可以了。

曾經有一本暢銷書叫做《清貧的思想》（中野孝次著／文春文庫）。在當時，「清貧」這個字眼非常流行。書中所謂的清貧指的不是生活節儉或是把浪費視為大敵，而是不濫用物品或金錢，只取用平時自己所需的最小限度的物資，以心靈充實來過生活的一種屬於日本傳統的生活方式。這樣的想法，對受到當時被泡沫經濟影響的人來說，可以說是喚起了大家的共鳴。

大家會覺得選擇多是一件好事，這往往象徵著豐富充實。但是實際上也有可能是相反的情況。即使這個那個都想吃，但是我們的胃容量究竟有限。**吃自助餐的時候不要裝太多、即使是吃自助餐也和平時一樣吃適量的食物就好。這樣的作法也可以叫做「我選擇不去選擇」。**

有時候出差時會為「明天早上吃什麼好呢？」而煩惱也是一件有趣的事，但是特意試試看「不選」，也許會發現新的自己喔。

chapter 5

第五章

不再為個人問題生氣的習慣

chapter 5

01

每天早上看不同的電視節目

你每天早上都看不同的電視節目嗎？

恐怕大多數的人每天早上看的節目都相同吧。為什麼選擇看這個節目呢？大家應該從來沒有好好思考過這個問題吧。或許如果認真的思考會有什麼原因也不一定，但是整件事情其實用「慣性」兩個字來形容是再適當不過了。這種慣性對於想要和怒氣和平共處的人來說，其實是一個相當麻煩的存在。

我的建議是明天起每天早上都觀看不同頻道的電視節目。只要做到這一點，就能養成不易怒的體質。

基本上我們的想法都是「不想改變」的。雖然也曾聽過有人說「我很想改變」的意見，但是以較誇張的說法來看，很遺憾地，不想改變才是生命的本質。

我想大家以前上理科的時候，都學過一個詞叫做體內平衡。意思就是讓生命維持在一個相對恆定的狀態。即便外部產生氣溫和濕度等等變化，因為這個恆定性所以我們依舊可以維持身體的健康狀態。

體內平衡原本是用來讓生物體保持在一個恆定的狀態中，但其實它對我們的生活整體有著極大的影響，會讓我們的生活產生一種「生活模式」，例如每天早上看同樣的電視節目、每天在同樣的時間出門到公司上班……這些就是典型的例子。

因為固定的生活模式也有它高效率的一面，所以不能斷言一定不好。**但是一旦固定的模式真的產生些許瓦解時，卻很容易造成大家的焦躁，這就是它最大的缺點。**

所以自己要努力地打破模式，並且做好心理準備，就算是模式崩塌了也沒關係。

雖說是要打破模式但並不需有什麼大動作，只要挑一些每天都能嘗試的簡單項目來做就好。每天早上收看不同的電視節目就是其中之一。

chapter 5

02

試著打破自己的生活模式

當你已經習慣每天早上都看不同的電視節目以後，請你再回過頭去看看自己的生活模式。我想你自己已經發現了吧，是不是從每天一早同樣的電視節目開始，總是搭同一班電車，總是進同一節車廂呢？環顧四周，放眼望去盡是相同的面孔吧。

有的人午休時間去的是經常光顧的咖啡店，連座位都是挑自己固定喜歡的位子。只要有人先坐了那個位子，一定會在心裡叨念著：「你怎麼可以坐我的位子!!」吧。

恆定性的特性會讓我們連多麼些微的改變都不想接受。**如果生活真的發生什麼變化，往往就會覺得很不舒服，覺得不自在而焦躁不安。**因此，即使不斷地想要改變，但結果還是做了重複同樣的事情。

前一篇也提過，一成不變的每一天會導致你生活模式一旦有任何崩塌，你都會焦躁不安。就像是午休時間經常光顧的咖啡店，只要有人先坐了自己習慣的位子，心裡就會覺得：「那是我的位子!!」。這就是無濟於事且白白浪費的怒氣。

如果想從那種情況中跳脫出來，你要做的事很簡單。只要從你的日常生活當中每天嘗試一點和以前不一樣的事情就可以了。

在情緒管理當中，它被稱為打破舊有模式。因為我們有一定的模式，並且會下意識地遵循著它生活。

改變你的飲食內容和衣著打扮，改變你的出門時間和通勤路線，更換午休時去的咖啡店和回家時順道的居酒屋，甚至是回家後的泡澡劑和睡前看的電視節目等等，只要是能改的都可以。只要是容易改變，無須費上太多心力的都可以。

即便只是如此，改變所帶來的威力是強大的。雖然只是少少的努力，不久就會產生大的變化，而你的心靈精神層面也能坦然的接受這樣的改變。

chapter 5

03

拋卻使用慣的東西轉而嘗試新事物

大家在使用的物品上也會有一些堅持嗎?雖說因人而異，但一定有人會偏好使用習慣了多年的某些物品吧!

至於我呢?則偏好喜歡嘗試用新東西。像筆電是我工作上不可或缺的工具，我也經常會更新替換。即使是現在正在使用的，並沒有什麼特別不方便或不上手的地方，但我還是堅持要換新的。藉著換新的電腦，也學習新的操作方式，會察覺到自己以往工作的方式是多麼的沒效率。我經常會因為這樣而發現新的、更方便的操作方法。

至於身邊其它的隨身或常用物品像是電動刮鬍刀、牙刷、文具用品、包包等等，即便是使用慣了的，還是會頻繁的買來替換。

長時間的使用自己習慣了的東西，的確也是消除多餘壓力的一種選擇。

而且有時在使用新的東西時，會因為些許操作方式的不同、不方便和覺得麻煩等等而感到有壓力，或許也會有煩躁的感覺。所以明明是為了讓你不煩躁而勸你嘗試買新東西，但卻造成了反效果。

但是當你養成了習慣從平日漸漸邁向積極去嘗試新事物之後，就會發現即使是使用不習慣的新事物也不會有特別的煩躁感。慢慢地就會變得能自然而然無壓力的去使用這些新東西了。

我身為情緒管理的專家，在本書中反覆強調的事情，其中的重點可以濃縮成一句話來形容：「要養成無論何時、何地、在怎樣的環境中、無論發生什麼，都不會讓任何事情左右心情的習慣。」

也就是說，比起安定的平穩，你的想法如果做個調整，能在稍微不規則中尋找樂趣的的話，更可以提高你的抗壓性。而從你身邊的事物著手，積極地挑戰使用新產品也是其中之一。

chapter 5

04

對食物過度堅持會破壞你的幸福

對於物質生活豐富的現代人來說，堅持是一種想戒也戒不掉的習慣。無論是衣服、生活空間、使用的物品等等，一旦開始堅持就會沒完沒了。而當中食物是最明顯的一個。現今的社會，在用餐方面大家對食材或烹調法都經過嚴格篩選，堅持可以接受的品質，這一點是相對自由的。

但是太過堅持的話「不能吃」和「無法吃」的東西就會逐漸增加。

舉一個極端的例子，那些絕對不吃食品中有任何添加物的人，在遇到天災或其他災害時，當只剩下便利超商的飯糰和泡麵的時候，他們就沒有東西可以吃了。像我自己本身平常也是盡量挑選不含添加物的食品，但是如果有必要，其實任何東西都能好好地享用。

例如像騎公路單車出遠門的時候，就必須得要選擇那些含有一堆添加物的補給品才行。因為這些補給品中的能量更容易被身體吸收。另外太過堅持也會經常讓自己綁手綁腳，這些限制都有可能是阻礙你感受到幸福的來源。像是為了自己的堅持一定要找到完全滿意的餐廳，用餐時也許會感到非常滿足的幸福感，但如果不是那樣的餐廳或食物時就感受不到幸福。

這種情形可以說是讓堅持控制了你幸福的次數。

有的人無論吃什麼都覺得很美味可口，每次用餐都覺得幸福。像這樣子的人，恐怕幸福的畫面會一直一直不斷出現吧。

堅持其實是一件好事，但同時用另一個角度來看，如果太過堅持，就會發生自己剝奪了自己自由的情況。

chapter 5

05

只要端上桌的食物都要懷著好吃的心情享用

吃東西這件事，並不是單單把肚子填飽就好。飲食對維持身體機能，調整身心狀況都非常重要。我自己本身在吃東西的時候，覺得最重要的就是選擇什麼樣的食物然後怎麼個吃法。

但是另一方面，如果對飲食會過度依自己偏好要求的話，對於控制憤怒情緒方面較容易有負面的連結產生。

現在在日本生活，四周到處充滿了美味的食物。讓人覺得身處在非常便利的生活環境中，而且很容易就能攝取到需要的卡路里，這一點來看社會真的是發展的很好。

不論做什麼事都需要健康的身體，現在因為食物種類眾多，選擇性也增加許多，所以我很能理解有些人堅持只吃自己喜歡的食物。

但是如果過份的堅持個人偏好的話，反而很容易讓自己陷入困境。因為沒有人能夠保證無論何時何地都絕對可以有自己喜歡的食物出現。

每個人對食物確實都有偏好，但是只要是端出的食物都能用好心情享用它的話，你的選擇範圍就會像棒球的好球區擴大一樣，自然能夠保持心靈健康。

只能接受自己喜歡的東西的人較容易煩躁。如果你發現自己有這樣的強烈傾向，你可以看狀況來做出溫和的反應、吃什麼都可以、要有謝謝對方端出美味的料理的心態來面對食物，這樣心裡就會跟著覺得輕鬆快樂。

只要習慣了這樣的模式，不但能感受到許多的幸福，我想生氣的次數也會大大的減少。

chapter 5

06

與其勉強配合彼此的價值觀，不如試著接受它

依據2012年6月6日日本情緒管理協會所發表的統計數據顯示，在焦躁憤怒的情緒爆發時，會考慮到要離婚的人裡面，女性占49%，男性則是30.3%。

男性的部分想要離婚的原因有「綜合多方考量」（30歲世代）、「太不講理了」（30歲世代）、「整體考量」、（40歲世代）、「經常這樣我也搞不清楚」（50歲世代）等等，幾乎是蓋括性、抽象性的原因占大半數。

至於女性的部分則是「只會一直抱怨自己的辛苦，完全沒有關心老婆和小孩的事」（30歲世代）、「明明可以背得出很長而且很奇怪的微生物名字，但經常忘了我們事先講好的事」（30歲世代）、「地震的時候竟然只顧自己逃跑」（40歲世代）等等，和男性不同，女性在考慮離婚時所舉出的的都是非常具體的內容。

現今社會即便是日本，離婚率也是每三對當中就有一對，如果將家庭內分房或是

分居關係含算在內的話，恐怕有更多的夫妻關係已經畫上休止符了。

夫妻關係中最重要的並不是彼此價值觀的相同與否，而是就算價值觀不同，也能相互包容彼此的觀點。所謂的價值觀是經由長時間累積所培養出來的，所以前提是不要預設立場認為很容易就能相互接受彼此的不同，慢慢來會比較自然。

因此，夫妻間的價值觀不同是理所當然的，至於當中的差距你能包容到什麼程度，由兩人一起決定是很重要的。彼此能容許對方做些什麼？什麼是禁忌？這些如果沒有具體明確的讓對方知道，夫妻間就會很容易起摩擦。

比如像是在分擔家事上，**請清楚的說出「認真的做」、「細心的做」、「弄乾淨點」這些重點，而不要只講一些含糊不清的字眼。**

為夫妻關係緊張煩躁的人，有太多時候許多東西彼此都看不見。兩人都很理所當然的覺得：「這樣對方應該就知道了吧」。所以請避開那些含糊不清的字眼，將事情具體的說出來或做出來讓對方看到吧。請大家多用心，彼此對另一半的要求都要不吝嗇地努力去具體明確的完成。

chapter 5

07 將感覺用語言傳達給對方

在2016年6月6日日本情緒管理協會的調查中，有一個題目是：「對配偶的不滿會如何表達？」男性的回答中「不說，自己消化掉」的比例和女性回答的「直接跟對方說」的比例一樣，都是占回答中的大多數。

在男性的個人回答當中，出現「用態度表示」（20歲世代）、「不表示意見」（30歲世代）、「讓時間解決一切」（50歲世代）等等意見，看得出都沒有將憤怒訴諸於言語的傾向。在2017年的調查中也顯示，女性要消除憤怒的方法中，選擇「跟別人聊一聊」的占53.9%。男性則是27.8%會對別人傾訴，但人數只有女性的一半而已。另外男性消除憤怒的方法，33%的人回答「什麼也不做」，而有29.2%的人則是回答「睡覺」。很明顯的可以看出女性會選擇傾訴分享自己的情緒和經驗，而男性則大多選擇自己消化或壓抑情緒。

像著名的麥拉賓法則（The Rule of Mehrabian），由於內容被誤解而且這些錯誤的論調被廣為流傳，所以大家都認為非語言溝通才是最重要的，但是我們人類的溝通重心就是語言。一般社會上對麥拉賓法則通俗的解釋是，法則中透過實驗說明當你的情緒和態度發出矛盾不一致的訊息時對方的接受情形，讓大家知道一個人的行為對其他人的影響是多麼的大。

在麥拉賓法則中提到的7、38、55定律，在與他人溝通時，根據語言得到的訊息（談話內容、言詞的意義）占7%，從聽覺得到的訊息（聲音大小、語調等）占38%，透過視覺得到的訊息（外在、表情、動作、態度等）占55%。由於這樣的論點，讓很多人都產生誤解，以為談話技術比談話內容重要。**但其實，如果你希望對方理解你的話，那就要用對方能理解的語言來表達。**

麥拉賓在「好感和反感等態度與情緒的溝通」實驗中，在「說話者用各種方式表達訊息」這一方面，也不過是指出「接收訊息的人對於聲音的語調和身體語言的表現很重視」而已。

這樣的實驗結果容易讓大家誤解，所以其實光是靠對方的態度和眼睛所見，以及說話技術是遠遠不夠的，感情還是用語言傳達吧。那些從不為人際關係苦惱的人，正是因為都很了解語言的重要性。

chapter 5

08

出口之前再次確認「氣話」的強度和意思

用語言來表達憤怒，令人意外的竟然是一件困難的事。比如你跟對方說「我很生氣」，但想要讓對方理解你生氣的程度，說實話是非常困難的。

因為，憤怒的情緒範圍很廣，從不愉快這種輕微的怒氣到激昂憤慨這樣強度的憤怒，都包含在裡面。

這時候請一定要用溫度計來想像，那是代表憤怒強度的溫度計。計量方式從0度到10度。0度代表情緒是穩定狀態，10度則表示是人生中最感到強烈憤怒的狀態。

例如當你說自己很生氣的時候，如果拿出溫度計來測量會是幾度呢？或是你認為「不愉快」、「生氣」、「憤怒」這些字眼，又各能夠用幾度來衡量呢？假設你正處在5度的憤怒當中，但是當你的伴侶也拿出溫度計測量「憤怒指數時」，可能不會只有5度。

像在憤怒的時候有人會呈現「驚愕」的狀態，這就是一個用法因人而異的字眼。

有人會因為輕微的怒氣而氣呆了，也有人則是被超越了憤怒的情緒所驚呆了。所以當對方說出「我傻眼」這樣的字眼時，所代表的情緒含意就有前者和後者兩種天差地的分別。

我們一般在不帶有情緒的狀況下所使用的字眼也是一樣，其他人和自己所使用的同樣字眼在強度和意義上經常是不同的。這一點即使是長時間相處的夫婦、親子、家族之間也同樣會發生。

因為人際關係而感到焦躁的人，你要了解到，對他們來說，重要的不僅僅是語言而已，要彼此相互傳達理解也有一定的困難度。所以對於平常自己所習慣使用的語言，還有對方所使用語言的強度和意思等等，都要彼此仔細地再三確認，這是非常重要的功課。

請不要覺得這件事很麻煩，你只需要付出些許的努力，你的夫妻關係、家族之間、以及朋友圈中的人際關係都會發生戲劇性的改變。尤其是那些經常和另一半吵架的人，我建議你們馬上就試試看吧。

chapter 5

09

自己是否帶著「有色眼鏡（偏見）」呢

沒有什麼原因就是覺得對方「是不是在生氣啊？」，你曾經這樣過嗎？比如先生和太太都覺得「好像在生氣」，然後問對方：「你為什麼不高興呢？」？結果對方回答：「沒有啊？沒什麼事」。但是對方會回：「應該不是吧！你明明就是一副生氣的表情喔」。然後就要一直問到對方承認是在生氣為止……大家應該有這樣的經驗吧。

其實像這樣的時候，先生和太太幾乎都沒有在生氣，生氣的是自己。因為想要對方能夠理解自己的憤怒，所以要不斷持續確認對方是否在生氣。這**在心理學上的說法叫做投射效應，是指把自己不好的情緒或態度，下意識中不自覺地反應於他人身上的一種心理作用。**

認為對方在生氣的時候，總覺得自己好像也是會不愉快，會有這種感覺的人不少，其實這正是受到心理的影響。所以自己在開心的時候，就感受不到對方的怒氣。投射效應的作用，比較起心情愉悅，感受到心情不好的人比較多，這可以說是人類認知、思考的錯誤。不清楚自己正在不高興，卻感覺到以為對方正在生氣，然後又去承接這樣的情緒，於是搞得自己更加不舒服，更加憤怒。

要防止這樣的思考錯誤產生，就要能夠察覺自己發生錯誤時候的狀態。比如像我，就會去看看推特，當你感受到「世界真是和平啊！」的時候，自己的心情也能穩定下來。相反的，如果你覺得「這世界怎麼盡是發生一些這麼糟糕的事呢？」，那正是你自己的情緒狀態不佳的時刻。

在推特中，大概連結追蹤的都是同質性的人，所以在時間軸上看到的大致上都是相類似的訊息。即使看到的都是一樣的消息，也會因為自己的狀態而讓收到的訊息意義產生變化。

像我一樣，你也可以去找出能測試自己情緒的工具。只要你自己一看就知道這工具是否能夠幫助自己正確思考的話，那麼，即使只有自己一個人也能很客觀的看待自己，而不會再有多餘的投射反應。

chapter 5

10

努力讓自己取得好的睡眠品質

你正在為睡眠努力嗎？

為睡眠努力，聽起來可能好像有一點奇怪。「有必要為了睡眠努力嗎？」、「想睡的時候能睡著不就好了嗎？」等等這樣想的人應該不在少數。

我自己本身在不久之前，也對自己的睡眠狀態感到相當自負。不論何時何地都沒有睡眠困擾，而且就算深夜喝咖啡也完全沒有影響，上床之後只要頭一沾枕就能馬上睡著。而且一旦睡著就是一覺到天亮，甚至一早起床就是活力充沛、隨時待命的狀態，所以我一直認為自己在睡眠這方面是完全沒有問題的。**相反的，我還覺得自己的睡眠狀況比起其他人要好得多了。**

當時我的作息時間大概是深夜12點到1點之間就寢，早上5點過後起床。每晚的睡眠時間最短4個小時充其量最多5小時左右。但是其實當時每天中午都會感到疲倦，心情也會因為工作沒有進展而焦躁，**但只要有午休，就沒有這些困擾，所以我一直相信午睡是提升下午活力的來源。**

只是，有時候忽然會有疑惑閃過：「我真的擁有很好的睡眠品質嗎？」因此我開始使用手機的 APP 來測量自己的睡眠狀態，竟然得出了一個令我大吃一驚的結果。我使用的叫做 Sleep Cycle 的 APP，用來測量使用者的熟睡度。根據 APP 統計顯示，日本人的平均熟睡度是 61%，相較之下，一開始我測出來的熟睡度竟然只有 59%。

但是經過我不斷地在睡眠上下功夫之後，現在我也能擁有良好的睡眠品質了。詳細經過會在後面補充說明，因為 APP 的關係，我的熟睡度已經平均超過 70%。拜它所賜，白天再也不會想睡覺，而且工作效率也提高了。

chapter 5

11

「紀錄↓實驗↓改善」可以提高熟睡度

睡眠不足的時候，你會容易覺得焦躁不安嗎？

焦躁不安和憤怒的情緒，跟大腦裡的杏仁核有相當密切的關係是眾所周知的。一旦睡眠不足，不但杏仁核會特別的活耀，另一方面，甚至會使前額葉難以控制杏仁核的活動。

雖然我感到疲倦時就會覺得心情不好，但我並不認為只有我是如此，這是存在於人體的一種自然機制。以前的我對自己的睡眠品質雖然自信滿滿，和大家相比的平均值也略差一點而已，但當我知道我的狀況不如自己以為的那麼好之後，現在我也努力地追求良好的睡眠品質。

改善的秘訣就是紀錄。具體的做法就是持續記錄自己和睡眠相關的所有事情，然後慢慢就會知道自己在什麼樣的狀態下能獲得較好的睡眠品質。

例如像我自己，很清楚知道自己在喝酒之後睡眠品質會下降。另外，過度疲倦時也不行，在較晚的時間喝咖啡也會有影響（其實以前都在深夜喝咖啡）。根據結果甚至知道自己在全暗的房間裡睡覺時熟睡度較高，室溫較低時品質也較好。

為了記錄自己要怎麼做才能每天睡得好，我到現在還是重複進行著紀錄、實驗、驗證三個步驟。

在你為獲得良好睡眠品質努力的同時，不但熟睡度能夠大幅提升，白天已不再容易覺得疲倦，自然就不會感到焦躁不安了。

重點就是睡眠，雖然只是睡眠，如果你不想浪費無謂的情緒煩躁易怒的話，那麼取得品質良好的睡眠真的是一件很重要的事。

chapter 5

12 千萬不要憤怒駕駛

2017年在日本神奈川境內東名高速公路上，發生了一件因妨害道路駕駛而導致令人遺憾的交通事故。

事件的發生是由於駕駛一家四口所搭乘的廂型車違規停在內側車道而讓嫌疑犯大為光火，於是猛踩油門超車之後在廂型車的前面猛然減速。結果廂型車被後方來的大型卡車追撞，造成駕駛夫妻死亡，同車內的15歲及11歲的女兒受傷的慘劇。

在美國像這樣的危險駕駛被稱為：「路怒症（或憤怒駕駛）」。憤怒駕駛指的是在駕駛途中因憤怒的情緒而做出對其他駕駛不斷叫囂或超車等危險動作來報復對方的行為。其實在30多年前起，美國就已經存在這樣的社會問題了。

憤怒駕駛就是一種典型的情緒管理事件。實際上在美國如果有危險駕駛或超速的行為發生時，法院可以發出命令讓駕駛去修習關於行緒管理的課程。所以大家認為駕駛和其憤怒、焦躁的情緒有著密不可分的關係。

為什麼會有憤怒駕駛的行為產生呢？有人認為因為車子就像一件盔甲，能夠產生保護自己的感覺，隱密性也高。而且還能隨自己的心意操控方向盤，讓駕駛很容易產生自己很強的萬能感等等。

美國的加州交通局也對駕駛發出警告，任何人都有可能成為肇事者或受害者。並不總是只有那些經常憤怒的人才會成為肇事者。

即便如此，還是特地將容易成為肇事者的憤怒駕駛特徵列舉，讓大家參考。

◈ 自認為駕駛技術比別人好。

◈ 經常變換車道。

◈ 急躁。

◈ 一開車就變得膽子很大。

◈ 認為開得起名牌車、大型車的人很厲害。

你自己是哪一種呢？

就算不多，但總有一些是相符合的吧。所以，任何人都很有可能成為肇事者。

加州交通局在一些容易發生糾紛的路段也呼籲駕駛們要注意避開那些容易讓自己成為肇事者或受害者的地方。如果在當下被捲入了糾紛的話，唯一方法就是不要猶豫盡快離開現場，直到對方完全從視線中消失為止。

對於開車這件事，喜不喜歡是另一回事，但它經常會讓駕駛處在一種感覺有壓力的狀態。因此的確是比其他人要更容易焦慮煩躁。

因此在開車的時候，也正是考驗自己情緒控管力的時刻，請努力的小心駕駛吧。

因為開車這件事並不代表你自身的價值，甚至也不是用來評價你自己的東西。

chapter 6

第六章

不再為人生生氣的習慣

chapter 6

01

自己的人生由自己決定

你我必須很遺憾的說，父母過往的生活經驗對這個世代的小孩子們來說實在是幫助不大。距今大約10年之前很多人都預言那些被稱之為國策企業的日本企業將會有破產危機。因為這個年代，無論規模多麼大的企業，都已經無法保證10年後的安穩了。

其實我父母也是一直以來就不斷的告訴我，人生就是要選擇進入好的大學，然後進入穩定的企業工作。我一直認為我必須遵循這樣的價值觀，可是內心覺得自己的人生應該自己決定的想法卻又非常強烈，所以曾經非常困擾。

最後我還是選擇了獨立創業這條路。推動我做出這一決定的是我在海外朋友的一席話。

「何必為這種事情苦惱呢？自己的人生應該自己決定啊！」

我在20幾年前進入大型企業上班時父母非常高興。但是看看現在所有的大企業，幾乎不是破產就是被併購，這種狀況不斷產生。這是因為時代不斷在改變的關係。

一旦進入大型企業上班後，直到退休應該都不需擔心什麼，但現實卻不是這麼盡如人意的。也就是說以往「應該要進入大公司就職」的價值觀，在現今的社會已經不管用了。**結果到最後，自己的人生還是得自己決定。**

自己的人生必須由自己承擔責任，就算遇到痛苦困難時也要勇敢面對，因為你既不能逃避，也無法讓別人替你承擔這些責任，那才是一個真正自由的人生。

◈ 譯註：國策企業：背負著國家的政策使命

chapter 6
02 理解「逃避也是一種勝利」

就在不久之前，我注意到一則投稿在報紙上的詩。那是一首名為「逃避」的詩。內容描述的是世界上的生物都是不逃就無法生存，為什麼獨獨人類就不能逃呢？這位13歲中學生所寫的詩讓我相當震驚。

在動物界的行動法則確實是以延續物種生命為目的。當面對敵人威脅時會考慮逃跑或應戰。**但是如果對方的威脅是壓倒性地存在的話，絕對會毫不猶豫地選擇逃走，這對生物來說是理所當然的事情。**

但是在人類的社會當中，為什麼大家認為「逃避就是懦弱」、「逃避就是輸了」，充滿了不允許逃避的氛圍。重新思考之後，我也產生了和這首詩的作者同樣的問題：「為什麼只有人類不能逃」？

如果就結論來看的話，對於我不想去的場合根本就沒有勉強自己出席的必要，只要避開就好了。

在情緒管理上它告訴我們從那樣的場合中離開是一種撤退戰略。實際上在一開始學習情緒管理的課程時，最早學習到的就是「RUN!（逃）」這個字。

如果待在那樣的場合會讓自己捲入不必要的麻煩中，那就趕緊離開才是上策。另外也有句諺語叫做：「君子不立危牆之下」。但是為什麼日本人會認為從那樣的場合中離開是一種懦弱卑怯的行為呢？

對「不逃避」、「不能逃避」的人來說，他們可能也有各式各樣的理由或五花八門的狀況。但是不論是什麼理由，能夠延續生存下去才是最重要的。

如果真的是為了重要的東西或應該要守護的東西，就無需介意其他的評論。如果逃避能夠保護自己和重要的東西，那根本就沒有猶豫的必要。逃吧！

chapter 6

03 無需過度自我克制

一般人往往會覺得能夠自我克制是一件好事。但是自制力好的人往往也較容易感到焦躁不安。關於完美主義想法的個案很多，**在這裡我指的是容易產生憤怒情緒那一種特性的。**

完美主義的人對自己的規定很多而且非常嚴格。但現在的社會是非常多元且充滿了各種誘惑的世界。社會上充滿了各式各樣的信息，但是信息越多誘惑也就相對地多。即便你只是過著一般人的生活，那些誘惑還是有許多機會能夠打破你生活的步調。

比如你決定了每天早上要晨跑，但是一下雨就沒辦法跑了。或是下了決心不吃點心，結果卻在客戶那裏接受招待而破壞了原則。本來只想花點時間上社群網站看一下新聞就好，結果不知不覺時間就過了。像這樣明明自己想做卻做不成的事情應該很多吧。

如果每次碰上這種情形就生氣的話，會很容易引起身心各種病症的產生。

我覺得自己拼命努力生活的結果，在他人眼中看起來是很自制的也不錯，但是如果以自制為目的的話，你的生活會變得只剩下痛苦。所以還是在適當的妥協點和自己達成和解比較好喔。

chapter 6

04

以中庸的生活方式為目標

雖然我說自制的生活不太好，但我並非建議大家抱著「散漫、邋遢也是沒辦法的事」這種態度生活。

有一句話叫「中庸」。

在論語中有一句話是這麼說的：「中庸之為德也，其至矣乎！《論語・雍也第六》」。意思是說：**「能夠適度的調整自己不偏不倚再行動的人，才是達到德的最高境界」**。

中國古代從孔子時代開始，對那些能做到中庸的人都給予極高的評價，我對這一點相當有興趣。因此對於生在現代過猶不及的我們，也想以中庸的生活方式做為目標。但是大家要不是比較偏向抱著散漫邋遢的態度，不然就是太過克制的生活。

以「中庸」為目標不可或缺的，就是經常抱持「主觀」、「客觀」、「事實」三個角度。因為抱持多種角度看待事物，所以能做到不僅僅注重自己的意見，也會多方聆聽各式各樣的價值觀來看待所有的事物。

只看到事情的單一面往往會變得比較頑固，能夠從多面向來看待一件事物的話，自己的態度會變得比較柔軟，因而也就能產生可以對應的行為。無論如何，要讓自己的原則和堅持慢慢變得不再那麼重要。

但是即便知道道理，要做到卻是非常困難的事，到底要怎麼做會比較好呢？

其實剛剛論語中的那段話還有下一個句子。

「中庸之為德也其至矣乎民鮮久矣」。意思就是說：「能夠適度的調整自己不偏不倚再行動的人，才是達到德的最高境界，但是最近能夠做到這樣的人已經很少了」。

無論是古代或是現代，中庸都像是一種修行，所以即便無法馬上做到也無須焦慮，必須不疾不徐的，有耐心地和自己的情緒漸漸相融合。

chapter 6

05 肯定自己的小小成就

自我肯定度高的人，無論什麼時候，無論做了什麼事，那種良好的自我感覺都不會減少。即使不做其他人無法做到的事，或是大家都做得到的事他們用自己的方式去努力，這些都可以讓他們肯定自己的自身價值。

這裡談到的自我肯定度其實有兩種，一種是相對的自我肯定度，另一種是絕對的自我肯定度。

相對的自我肯定度指的是，和其他人在比較中產生的自我肯定。例如學歷的高低、工作能力的優劣等等。另一種絕對的肯定度，則是無須和任何人比較，也不用做什麼事來證明自己，只要維持現狀的自己能被接受那就足夠。

控制憤怒情緒所需要的是絕對的自我肯定感。因為如果是相對的自我肯定感，一旦和別人相比較覺得自己比較差時，自我肯定度就會下降。

那麼如果要提高絕對肯定度該怎麼做呢？只要每天確認自己能夠做到的事就可以了。那些自己能夠做到的事，無論多麼瑣碎都沒關係。像是能夠早起、願意去上班等等。就算是那些大家都認為「這不是理所當然該做的事嗎？」也沒有關係。只要是每天持續不斷地確認自己能夠做到的事就可以了。

在情緒管理課程中有一個名詞叫做成功日誌，技巧就是無論多小的成就都將它紀錄下來。如果我們每天在生活中都能夠這樣做的話，那些小小的成就便會不斷被累積起來。

但是大多數的人都會認為「這些不過是本來就應該做的事啊」，一旦有了這種想法幾乎就等於否定了自己。這樣的人沒有辦法提高絕對成就感。

現在的你正是過去這些無數小小的成就累積出來的，所以請從今天開始就確實的每天確認那些成就吧。

chapter 6

06

與其想著逆襲不如選擇周邊效益

你到目前為止的人生中，有過逆轉勝的經驗嗎？

或者從今之後，你的人生會有逆轉勝的機會嗎？

前者的問題姑且不論，後面的問題回答「YES」的人可能很危險。

我聽過「人生就是一場博弈」這樣的論調。

大家在賭博的時候，贏的人往往不會再冒險，但是輸家卻很容易捲入想要再翻盤再拚一次輸贏的漩渦，以至於讓自己陷入風險中。這種情況，可以說和投資的世界是一樣的。

確實，只要攸關勝負，贏家總是沉穩安定，從容不迫，輸家則是焦躁不安氣憤不平。**這時候的焦躁不能以平常心來判斷，因為那是一種想要「逆轉勝」的心態。**

不浪費時間焦躁的人，通常都沒有那種逆轉勝的習慣。我借用英國時報「The

Times」的一流專欄作家馬修薩伊德（Matthew Syed）在《失敗的科學》（Discover 21, Inc.）一書中曾說過一句話：「不要想著逆轉勝，而是想辦法去取得周邊效益」。

所謂的周邊效益，就是把一個目標分解成許多小的目標，然後一個一個的改善累積，當情況允許的時候就會跨步大躍進的一種思考法。前面也談到過在情緒管理課程中成功日誌這一部分的重要性，小小成功的累積真的非常重要。

瑣碎的改善的累積是一種意料之外努力的累積。一開始的時候對於那些零碎的種種問題加以分析時，有時反而會造成情緒煩躁的可能性也很大。但是只要這樣傻傻地一直做下去，其實並不會有風險，你將會得到更大的收穫。

chapter 6

07

不要一下子就把目標放得太大

情緒穩定的人不會錯過那些小小的改善和瑣碎的努力。**因為他們知道透過這些改善和努力的累積，到最後自己的情緒將不再煩躁不安。**

前篇提到的《失敗的科學》一書中，英國的自行車隊為了成功贏得攀上世界最高峰的公路賽（環法自行車賽），做了相當多的努力。不但引進選手專用的枕頭和床墊，為了讓選手的肌膚變得更好，連清洗制服的清潔劑也更換，希望提高選手的舒適感。

雖然這些種種改善和努力都讓人覺得似乎和自行車賽沒有什麼關係，但是這些種種改變累積成就了他們的目標。英國雖然以「5年之內拿到總優勝」為目標，但卻早在前兩年就達到了目標。日本有一句諺語叫做「欲速則不達」，這可以說是最佳典範。

而且最令人佩服的是英國人並沒有因為選手拿不到總冠軍而在意。

把時間浪費在情緒上的人，會容易比較把眼光放在大目標上，而不會下功夫從平日去累積那些小小的改善和努力。例如目標如果是「絕對不要再當愛生氣的人」，而邁向目標的途中的每一步卻非常的草率，結果目標還沒達成就中斷，或者甚至留到以後再解決，漸漸地就浪費了時間。

情緒管理是一門技術，也是一種訓練。重覆的下工夫去做這些繁瑣的努力、改善，就能得到很大的進步，其實這和運動員的團隊訓練是同樣的道理。

chapter 6

08

相信自己努力5年後的成果

很多人感嘆自己雖然不斷的努力，但總是看不到成果，無法成功。**但是我，還有其他那些現在非常活耀傑出的人，我相信他們的成功並非只是現在認真而已，那都是從5年前就開始努力讓自己進步的結果。**這一點你只要回顧自己的人生就能明白。

例如如果從小學高年級就開始持續努力到中學的話，就能進入自己理想的高中。即使是拚了命的進高中，之後卻不繼續努力的話，就無法進入理想的大學。如果從高中考試開始就以大學考試為目標努力的話，雖然可以進入好大學，但是進了大學之後拼命放鬆的玩，結果就會變成無法進入理想的公司工作。

那是不是等到一切考試都結束開始工作之後，這一切就結束了呢？並非如此。就算自己拚了命的想要努力，但如果都只在公司給你的工作範疇內打拚的話，那麼5年後你還是一個無法轉職的人材而已。在自己30歲之前，自己如果沒有具備通用於各個公司的附加價值的話，你的現狀便無法更好。這就是現實。

並不是努力就一定馬上有回報，努力的成果雖說是眼見為憑，但我認為那是我5年來累積的成果。我現在46歲，也就是說我在41歲時的努力到今年才有成果。雖然也有想放棄的時刻，但是經驗告訴我，如果現在抽手不幹了，5年後的我還是一樣在辛苦的工作，所以我堅持了下來。

誰都無法知道現在自己拼命努力的終點會有什麼果實等著自己。**但如果你能抱持想法，認為現在努力是對自己5年後的投資，那麼到時候你的付出會不會有回報什麼的，現在思考也沒有意義。**

現在我們應該要做的，並不是想盡辦法走捷徑，而是相信自己現在做的一切都是正確的。

現實就是現在什麼都不做的話，那麼報酬也會在5年後到來，到時候就算你想維持現狀也不可能了。有可能你在努力後的結果還是維持現狀不變，但是如果只是反覆操作機械式的工作的話連現狀都不可能維持。只滿足於每天的例行公事的話，5年後你可能會陷入非常辛苦的狀態中。

努力會在5年後得到回報，放棄的回報也一樣在5年後到來，成功的人和看不到成果的人，其實也許當中的差別在5年前就開始了。

chapter 6

09 自己即使不是獨一無二的存在也沒關係

「好想跟別人有什麼不一樣」、「希望自己是獨一無二的存在」、「希望自己是個成功的人能做出一些別人做不到的事」、「希望自己能夠巧手生花從無到有」……。一定很多人心中都有這樣的願望吧。

我也是其中之一，以前就希望自己能成立一家獨一無二的公司，而做了許多的考量。但是在思考的時候，我意識到，所謂的獨一無二，也就是唯一，不就等於是這個社會根本不需要的東西嗎？事實上現在的社會「誰都沒想過的新東西」到底有多少呢？

沒有人做過的東西很有可能是因為根本沒有做的價值。雖然往往就只是覺得「做別人沒有做過的事的人很厲害」。但這樣的說法也不能一概而論。

現在我的想法，不再去以做那些獨一無二困難的事情為目標，而是致力於現在當下的場域中成功的完成手邊的工作才更有價值。

「我想要當個特別的人」，或是覺得自己一定要做些和其他人不同的事才行，在這樣想法的背後我認為是一種自我肯定度低下的表現。因為那些對自己現今所處的位置和正在做的事感到滿足的人，並不會想要彰顯自己的不同之處。

一旦自我肯定度低就會過度在意別人的意見，只要些微的小事就會責備自己，反而很容易被別人的情緒所掌控，自己的人生往往是空轉的。這樣的結果造成了無法和別人比較、在沒有其他人的地方＝追求自己的獨一無二。

我雖然可以理解這樣的情緒，但是這真的是一條危險的路啊。因為這樣的人做著與眾不同的工作，就算想要求得認同卻也得不到別人的肯定，結果很有可能就會漸漸地降低自我肯定度。

在現在的職場中認真的為現在的工作打拚，不把目標放在與眾不同，而是盡量找出讓現在的自己更好的生活方式，這樣才能獲得你想要的結果。做一些奇奇怪怪的事、做一些和其他人不一樣的事，這些都無法為你帶來幸福。

chapter 6

10 獲得絕對自我肯定感的技巧

一般對自我肯定感的定義，大概是「自己的事情被看重」、「自己是不可或缺無可取代的存在」。

但是現在重點來了，就是，到底要如何提升對自我的肯定感呢？因為大家都不清楚該如何做，因此出現了一些現象。你身邊應該也有這樣的人，明明是頭腦清晰工作能力佳也很受異性喜歡，但偏偏就是對自己沒自信。**這樣子的人，經常不斷地跟那些比自己優秀、工作能力也很好的人比較，所以就變得沒有自信。**

我在本章中也提到過，相對的自我肯定感是經由和別人比較而產生的。如果是孩子的話，通常就會比說那個誰誰誰跑得比較快、誰比較會念書、誰在女孩堆中較受歡迎等等是吧。

也就是說經由和他人的比較中來確定自己比較優勢的部分來肯定自我。所以不論相對的自我肯定感有多高的人，只要遇見比自己優秀的對手時，他的肯定感就會被摧毀，很難再持續擁有自信。

另一方面擁有絕對的自我肯定感的人是透過被大家接受、在大家認同的經驗中成長的，他們能真切感受到被需要以及被愛的感覺所以會對自己很有自信。

要提高絕對自我肯定感的方法，在這個章節中雖也有談到過，但其實還有一個重點，那就是不要去和他人進行任何的比較。

不要去在乎和別人比是不是比較優秀，只要盡全力在眼前的工作上衝刺努力，這樣就夠了。就算努力沒有結果也沒關係。只要自己知道對現在自己所選擇的道路實實在在好好的努力的話，你就會慢慢被接受、被大家所喜歡。

將你的看法做個轉變吧。比起在哪一條河川游過泳、在那條河川中怎麼游泳這件事重要得多了。這樣一來當你得到別人認同的時候，絕對肯定感就能提高。

chapter 6

11 順著環境變化生存

為什麼我不斷反覆希望大家去享受環境的變化並且去習慣它呢？那是因為，世界上沒有任何不變的事物。

如果世上的環境一切都沒有變化，所有的事情都和現在一樣持續進行也不會有壓力產生的話，那當然沒關係，但是現實並不是這樣。

《平家物語》的一開始就以「祇園精舍的鐘聲敲響了諸行無常……」這句為開端。所謂的諸行無常指的就是世間萬物會在剎那間不斷的變化。

從那時起，這個世界就被認為是充滿變化的。

我們的環境經常在變化，而且近幾年來變化的速度不斷地加快。

所以，與其在不變的前提下生存，不如在變的前提下生存要來得符合現實。而且一旦有了這樣的想法，心裡也會有較充裕的準備。

不習慣於變化的人，只要周圍環境稍有改變就會覺得有壓力，然後產生多餘的焦躁感的傾向。要知道，這世間的一切所有，並不是自己能夠控制的。

情緒控管中，認為如果想要改變那些不能改變的事物，也會帶來不必要的煩躁。想要讓世界以自己為中心打轉隨意改變或保留，這些行為確實就是想要改變那些不可能改變的事物。

就讓自己自然而然地接受生活當中的新事物吧。

如果能夠因為生活中每天些許的改變而感到快樂，將不再感到焦慮煩躁。

chapter 6

12

不搶交通號誌，不搶著上車

直白地說吧，那些不按照交通號誌過馬路的人，通常都有焦躁的習慣。綠燈已經熄滅了還是要橫跨馬路、在電扶梯上奔跑、快速閃進正在關閉的電車門中……這樣的人很多。

趕上那幾步覺得「因為節省了時間而開心」的人不是那麼多。大多數的人恐怕都是下意識地做著這些行為吧。

這些雖然只是日常隨便的一個畫面，但是從別的角度看來，也可以說成我們希望自己能夠控制交通號誌和電車來配合我們的時間。

如果趕得上過馬路或搭上車也許可以說還好。但是我們先不提急忙奔跑這件事，一旦眼前的信號變成紅燈，或是電車門「啪」的在眼前關上的話，立刻就會火冒三丈。

這樣的怒氣表現可以說是毫無自覺地將自己的時間交給別人控制了吧。

我個人認為「搶著過馬路」和「搶著上車」這類的行為，正是無法控制自己時間的象徵。而且讓自己被燈號的變換和電車的發車時間所擺佈了。實際上，就算自己不趕時間，也會被不斷閃爍的燈號和電車門或是周圍來去匆忙的人所影響。也就是說，這並不是單純的只要有充裕的時間慢慢做就可以的事情。

看到眼前閃爍變換的燈號會想要搶過馬路、看到電車門將關閉會想要急著搶快衝進車裡，這些都是我們因為著急而產生的反射性行為。

避開一次燈號、錯過一班電車，對我們來說又有多少損失呢？只要冷靜的思考，就應該可以清楚地了解原來自己不需要那麼著急。

不被時間追趕的人，誰也無法讓他焦急。他們會沉著冷靜的行動，即便是等待，也不覺得時間浪費掉，也不會有多餘的焦慮不安的感覺。自己的時間由自己掌握，不交由他人操控。

當交通號誌即將變換、自己想要疾行穿越時，正是思考下面這些問題的時間點。

◈真的必須奔跑嗎？

◈自己的情緒是不是太急躁了？

◈因為大家都這樣做，所以自己也認為必須如此嗎？

◈自己能掌控自己的時間嗎？

習慣的改變是非常困難的。當你下次遇到燈號變換時，即使周遭的人都在疾行奔跑，你試著站定不動吧。也許你會看到和以往全然不同的風景。

chapter 7

第七章

不再為社會生氣的習慣

chapter 7

01

對事情的判斷不要太先入為主

每天，我們所收看的新聞，都混雜了事實和武斷的認定在裡面。將事實和認定切割開來是為了不被武斷的想法牽制擺佈，進而去發現事情的真相，但這件事卻意外地令人感到困難。

想要將事實和主觀認定切割開來進而統整思考是非常重要的。只要能夠發現事實的真相，就不會有多餘的焦躁不安。

但是如果已經有先入為主的想像或是想法的話，會讓自己的煩躁不斷擴大。因為人們都會武斷地認為自己的想法是正確的。因此不願意去思考那些和自己不同的意見，並將自己的想法正當化合理性。

像是被認為「雖然安全但並不能讓人放心」的豐洲市場搬遷問題，只要將事實和主觀認定說明清楚，就是一個大家可以輕易理解的案例。在被汙染的土地上搭建豐洲新市場，並沒有依照原定計畫進行填土，但是經由專家和科學家的分析報告指出，作為新市場使用的部分是安全無虞的，這是事實。

但即便是如此，後續可能會發生問題也不一定，東京都廳也或許還隱瞞了什麼內情也說不定，我們可能被騙了……。因此產生了不安心的情緒，這就是主觀認定。

但是發布這些資訊的媒體也是人，它們除了單純地將事實報導出來以外，也在報導中添加了自己的主觀認定。以至於觀眾們抱著自己的主觀收看新聞，結果主觀和主觀相互呼應，就這樣慢慢將事件從事實中脫離了出來，結果造成大家都這樣認為，這也是經常發生的事。

媒體發布的新聞，只不過是事實的片面而已，但是人們卻因為這些片段感受到了沒有必要的惡意，往往容易不斷地推測這裡邊應該有些什麼內情吧。

所以我們必須有意識地來進行切割「事實」和「主觀」的動作。大眾不應該毫無防備的接受一切訊息，你必需意識到新聞中有「主觀」和「事實」兩種東西，而客觀的觀察則是切割的第一步。

chapter 7

02

為什麼會亂發脾氣遷怒他人呢

現在的社會，只要一發現有人被認定「這樣的人該死」的話，不論是媒體或網路，一定都會爆發激烈的攻擊和責難。

對發生醜聞的藝人、發言不當的政治家、犯了錯的名人等等進行責罵或是嘲諷，這些沒必要的責難經常在我們的日常生活中出現。

在我看到這些現象的時候，我會想起漫畫家西原理惠子老師說過的一句話：**「當你開始對別人的事情指指點點開始討厭時就是太閒的證據」**。我是西原老師的大粉絲，她這句話成為深深地烙印在我心裡作為戒律。

確實，很多事都無法順利進行的人一般說來都是時間太多了。一個無論是事業或是自信心都很充足的人，才不會有時間去注意到別人的大小事情。也就是說在這個充滿閒言雜語各種指責嘲諷的社會上，閒人（等於人生不順利的人）真的很多。

更進一步的說，這樣子的人在平日的生活中雖然也懷抱著怒氣，但是因為自己無法面對它，於是就會在社會上找可以發洩怒氣的對象。

發怒的特性之一就是：「無法把怒氣固定集中在某處」。比如在公司因某件事感到不滿時，就會把這樣的怒氣帶回家發洩在家人身上，也就是所謂的遷怒。而遷怒的理由正是因為「無法把怒氣固定集中在某處」。

電視綜藝節目上所報導的那些八卦，對大多數的人來說應該不至於會引起那麼大的怒氣，真正讓他們生氣的是因為無法把怒氣固定集中在某處，所以至少當下可以對眼前的事情發脾氣。但對自己那些必須面對處理的問題，卻還談不上能夠面對。

對別人產生責難的衝動是因為想逃避自己的問題才下意識產生的。與其去關心別人的人生，還是集中精神在自己的生活上吧。

chapter 7

03

不要特別去找某個人的麻煩

近來還有一股風潮讓我注意到，**當人們陸陸續續找到遷怒責難的對象時，經常會被當時的情緒所左右，讓自己的攻擊更加升溫。**

例如發生在之前的一件事，一位任職於某大企業的新進女職員，因為過勞而自殺。當事件曝光之後，出現許多如「不需要為了工作而死」、「那樣的公司辭掉不幹不就好了嗎？」的聲音，許多人都站在女職員的立場責問企業。

但後來又發生了一件某位女演員因為不滿所屬的經紀公司和工作內容而發表引退時，又是如何呢？「接受所賦予的工作這才真的是社會人」、「這麼任性真是太沒常識了」……，這些和之前發生的事完全相反的輿論，讓我印象深刻。

看到這些輿論時我在思考著，這個社會是想要往什麼方向走去呢？其實並沒有想要走向哪裡，就只是單純地想要找到可以發洩的對象罷了。可以說不但沒有建設性，也毫無說服力。

不去尋找發洩的對象是很重要的事，如果不斷持續地尋找洩憤的對象，那我們就無法面對自己的憤怒。

如果發生的事明明和自己毫無關係，但卻不分青紅皂白就發怒的話，那麼毫無疑問的，生氣的原因一定出在你自己身上。如果不能面對自己的憤怒，這些讓你生氣的問題就會一直讓你感到煩惱和痛苦。

當你為了和自己不相干的事情想要生氣時，我認為那其實就是你自己人生的問題也已經堆積如山的證據，應該要找時間好好面對自己了。

chapter 7

04

不要讓他人擺佈自己的人生

大家都會說：「自己的幸福由自己決定」，但一方面卻又相當在乎別人的評價和眼光，所以很難得到真正的自由。

想被別人認同、不想被討厭，這些想法都是人們最誠實的心理狀態。

無論受到什麼樣的批評，只要將它當作是讓自己成長的養分就不會有任何問題。

但是，當你一旦開始在意別人的看法時，你會無止盡的在乎別人對自己的任何意見。

另外，無論是什麼意見都是有建設性的嗎？在網路信息如此繁多的狀態下可就不一定了。

當你因為在意別人的評價而讓自己陷入痛苦的情緒時，就有必要開始「平常心練習」。我自己本身也在實踐這個方法，徹底地對他人的評價視如無物，完全不去在意。例如我就壓根不去看自己的書在亞馬遜網路書店上讀者的評價，也不會去搜尋相關資訊。

當然，如果是來自親近的人的意見和建議我會接受，然後用自己的方式有效的活用這些意見，但如果是匿名的評價或言論或批評，我一概不看。

其實，我的敏感度是別人的一倍，只要看了別人的意見或批評，就會受到很大的影響。

因此我用了這個一切都不看的方法。這樣子獨善其身的作法雖然也有危險，但是這部分我用親近的人們給的意見來彌補不足，也加重了「不要讓他人擺佈自己的人生」的信念。

chapter 7

05

不去看網路評論

我個人不會去在意別人對我匿名的評論，還有一種，就是別人的負面評價我也不在乎。也就是說，**當我自己想要買東西，或是想預約某家店的時候，一概都不去理會那些網路評價或其他人的口碑。**

有一些一打開網頁就能知道幾顆星評價的餐飲店或其他店家，在你打開自己的郵件通知時，這些店家的資訊便會透過網址發送過來，讓你能偶然的發現他們。但是我都盡可能的不去看，就算看到了也不會放在心上。

也因此，我也會有失敗的時候，尤其是住進國外飯店的時候也有很慘的踩到地雷的經驗。當然也有遇到相當難應付的時候，但因為那不是別人的建議，而是源自於自己的選擇，所以也可以順便訓練自己眼光的能力，我認為這一點非常重要。

如果是餐飲店，就實際走一趟去吃吃看。至於電器製品，就必須到量販店等店家去實際接觸商品，在當下相信自己的感覺然後下判斷。

當然，先看評論再判斷是比較輕鬆的事。因為如果能在自己失敗之前，就知道有人已經犯過同樣的錯誤，那麼自己就可以避免掉相同的失敗，可以大大的降低時間或金錢上的浪費。

但是別人的意見無論如何都只是別人的看法，被其他人意見所左右也是造成煩躁的主要原因之一。**不去仰賴別人的口碑評論、不怕麻煩的親自去體驗和感覺然後做出自己的判斷，這樣也是不在意別人眼光的一種練習。**

你可以覺得自己所選擇的，一定是最棒的。我認為如果你能夠這樣想的話，就是用自己的方法在過自己的人生了。

chapter 7

06 對於訊息來源要有所取捨

以前大家獲得訊息的方法不外乎是報紙、雜誌、電視、網頁這些主流媒體。但是最近出現了一種被稱為：「後真相（post-truth）」的詞彙受到大家的矚目。真相被操弄、利用變成引人注意的話題，或是虛構的內容宛如真相般被報導、流傳，我們已經進入一個所謂的「後真相時代」。

原本的我也認為所謂媒體就是找出讓我們生氣的事，然後藉由攻擊它得到精神上宣洩的一種存在。

「無名怨憤（Ressentiment）」一詞是德國哲學家尼采提倡的一個概念。指經濟上處於低水平的階層或弱者對經濟上處於高水平的階層或強者普遍抱有的一種積怨，或因自卑、壓抑而引起的一種憤慨。對於社會階層差距明顯日漸擴大的現代，人們可以說是帶著一種非常大的莫名怨憤吧，所以我們總想著要消除那種感覺和情緒。

媒體正是利用了我們這種情緒，一直把那些很有可能會引起注意令人反感的人物帶到我們面前，然後在旁邊搧風點火：「大家快攻訐他吧，會讓你的心情比較好喔」，換句話說媒體呈現在我們眼前的那一面可以說就像是一場要讓我們看的表演。重點是看了藝人的不倫戀等等那些和自己毫無關係的新聞之後，你開始煩躁憤怒，你發現了自己在「跳上竄下」嗎？

我在書中也提過，發布這些資訊的媒體本身也是人而已，無論是報導者或是處理新聞的人都加諸了自己的主觀意識在這些角色上。媒體看似應該會把真相事實傳播給大家知道，但事實上並非如此。

所以如果經常特別信任接受某些特定媒體的訊息的話，就很容易下意識裡被主觀的想法所左右。另外不只是特定媒體，目前正流行的資訊、電視一開偶然正在播放的新聞、偶爾飄過在眼前的入口網站的標題、還有交友社群中朋友們分享的資訊平台等等，如果你對迎面而來的這些訊息都照單全收的話，往往就非常容易被主觀意識所擺布。

以我自己為例，我自己平時就留意都從哪些媒體接收訊息，然後會特地留意不要只找某些特定的媒體收集資料。

chapter 7

07

包容接受各種觀點

媒體有各自不同的樣貌和角度。以前日本的報導大多以客觀報導為基礎，然後各報社和電視局之間也都取得共識。但是近幾年看的出這個現象很明顯有崩壞的傾向。

日本雖然不像美國的媒體一樣有明確的政治立場，但是A報社較傾向右派，B報社較支持左派等等這種情形是存在的，如果從一個事件的各種報導當中去閱讀比較的話，馬上就能夠清楚地了解。

要找到完美、客觀、公平的媒體是不可能的事。我並沒有想要批評特定的媒體的意思，但是要將一件事實完完全全完整的報導出來是非常困難的。

我們所能做的就是看清楚各個媒體到底傾向哪一邊？又抱著什麼樣的目的進行報導。不要只依賴一家媒體，要多善用各種媒體從各種不同的角度去看待事情。

例如政治新聞的話，我希望你們最少要有四個消息來源。像是訂購保守派的A

報、標榜自由主義的B報也要瀏覽一下、然後從經濟觀點討論政治話題的C電視局的新聞節目也要收看，還有要確認能最快掌握即時消息的D網路新聞快報，像這樣去設定屬於適合自己的條件是最有效的方法。

一邊考慮平衡報導，一邊抱持存疑的想法，積極的自身主動去找尋事實，而不是只抱著接受的態度來看待新聞。在現今資訊爆炸的社會，一不小心就很容易跟著別人隨之起舞而成了一個看不清事實真相、做出錯誤判斷的資訊弱者。

「資訊素養」聽起來好像很困難，但其實重點就是要能傾聽各種不同的意見，認同各式各樣價值觀的存在罷了。從日常生活中去接受多樣性的事物，讓自己成為不易躁怒的體質吧。

chapter 7

08

少看綜藝節目

為什麼最近的電視裡接二連三的爆發出藝人以及名人的不倫醜聞呢？答案很簡單，就是因為大眾需求而已。大家可能會覺得，那些我們連面都沒見過的藝人要和誰搞不倫戀，跟我們的人生一點關係都沒有不是嗎？為什麼大家會那麼的關心呢？其實大家關心的不是不倫這件事，大家關心的重點已經移轉到誰是我們可以攻擊的目標了。

腦科學家中野信子老師以幸災樂禍一詞來說明這種現象。幸災樂禍一詞源自於德語，意思是**當看到忌妒的對象失敗時會產生一種喜悅的情緒，也可以說是「將自己的快樂建築在別人的痛苦上」或是一種「看好戲」的心情。**

中野老師認為當人們在攻擊別人時，腦部會得到快感覺得愉悅。人類社會雖是一個共同體，但是為了維持這個共同體，人們必須將某些脫離共同體的人排除掉藉以讓自己生存下去，這些和歷史似乎有著一些關聯。

幸災樂禍，說實在的談不上是一種好的心態，如果沒有這種情緒存在的話社會應該會平和一些。即便是再憤怒的情緒，強烈到想要殺人這種地步的想法，在已經高度發展的現代社會中被認為是不需要的。

但是現實面上我們手上握有的那些多餘的情緒還是持續存在的。

我的們大腦雖說在進行攻擊時能得到很愉快的感覺，但還是不要去記得這樣的快樂比較好。如果從你要和憤怒和平共處的角度來看，這無疑是一個壞習慣。而且，我們也不應該把自己寶貴的時間浪費在這些事情上吧。

原本，人們如果知道攻擊別人不會得到快感的話，應該就不會有多餘的焦躁憤怒。這麼說起來的話，**也就是說電視上的那些綜藝節目等等就是靠著攻擊別人來提供快樂給觀眾的。**

選擇「不要太靠近容易得到的快樂」這類的想法做法，長期來說對你的健康非常重要。

chapter 7

09

沒有手機也能輕鬆自在的方法

大家有沒有自己依賴的東西呢?很多人被這樣問到時可能沒有特別想法的人也有。但是依賴這種心態從輕度到重度充滿了多樣性。其實我們日常中依賴著相當多的事物。

現代人依賴性最高、最經典的例子就是手機。想要做什麼?想去哪裡?不都是隨身帶著手機嗎?雖說是個笑話,但是有一個很極端的例子,竟然有人為了讓手機隨時可以充電而無法離開電源插座附近。

依賴,有一種讓你容易發怒的特性。所謂的依賴,就是沒有它就不行的狀態。明明它沒有消失,但就是會莫名的擔心,手邊一離開它就坐立難安,心情變得很糟的一種狀態。

有能力控制自己情緒不焦燥的人,他們都非常清楚依賴會控制住情緒,帶來很大的麻煩，所以自己會很積極的用心去對依賴放手。

例如一旦感覺到自己已經開始依賴手機的時候，就採取從早上出門就不帶手機的動作。這樣一來，一整天當中就不會依賴手機。這個做法我很推薦給那些容易依賴東西的人。

如果覺得忽然間離開一整天很困難的話，你可以從離開手機一個小時開始，然後慢慢地延長時間用些方法試試看吧。在這當中最重要的是要有自己對什麼事物依賴的自覺，一但有了自覺，就可以努力從依賴中獨立起來。

對那些無法獨立，不斷被依賴擺布的人，原本就沒有自覺自己對事物的依賴性，或是即使察覺了，但是不知道該怎麼逃離依賴所以一籌莫展。

無論如何，首先要找出自己所依賴的事物，這是戒斷依賴的第一步。

chapter 7

10

不要依賴別人，也別讓自己被依賴

依賴的習慣，如果對象是人也一樣。只要某個人不在就覺得不安，那個誰一不在就覺得苦惱，這些就是對那個人依賴的證據。只要那個人不在心情就無法穩定下來，這樣的狀態完全談不上獨立。

有一個特定名詞叫「關係成癮」，這是種依賴著被需要被依賴的感覺的狀態。

最常發生的例子就是當某個人被拜託求助時，這個被拜託的人往往也陷入依賴的狀態。因為被依賴而顯現出自我的價值，一旦不被依賴時就會變得不安。

受到配偶家暴的被害人中，無論是誰，怎麼看都是受害者的樣子，但是卻有人很堅信如果自己不在，配偶就活不下去。這正是和家暴施行者形成了一種共同依附的關係。也就是說受害者的認知已經扭曲，他們認為家暴者之所以會對自己暴力相向，是因為自己很重要，很依賴自己才會這樣做。

情緒穩定平和又能夠獨立的人，不會依賴別人，也不會讓別人依賴自己。身為一個獨立自主的人，不論和誰都保持著適當的一定距離，他們會為自己經營最適合自己的人際關係。

首先你要做的就是不去依賴任何人讓自己獨立。

接著，留意自己的人際關係，自己是否已經成為被依賴者。

就算只是把自己從依賴的人際關係中抽離出來保持一定距離，焦躁不安的機率就能大大減少。

chapter 7

11 不要自己埋下焦躁的種子

「蝴蝶效應」這個名詞的由來，最初概念來自於氣象學者愛德華·羅倫茲的演講中所發表的「一隻蝴蝶在巴西輕拍翅膀，可以導致德克薩斯州的一場龍捲風」。也就是說以一些細微的開端或線索，可能會出乎意料的慢慢成為誘因，和一些大現象產生連結的意思。

一開始所發生的小事或者是細微的誤差，在經過時間和各式各樣的原因組合之後，誰也無法知道最後會演變產生出多大的影響。

憤怒的情緒是一種連鎖反應，這是它的特質。例如你在上班途中到便利超商買東西時，因為店員結帳時態度不佳，就對店員抱怨了幾句原先可以不說的話。之後這個店員心煩意亂的回了家，對太太亂發脾氣，太太因為受了氣轉而對孩子大聲斥責「趕快去寫功課」。結果受了斥責的小孩隔天上學時，就欺負低年級的男學生來洩憤。其實，那個男學生是你的長子，他回到家後把自己受到欺負的不甘心和怒氣都轉而變成反抗心發洩到作為父親的你身上。

看起來好像是荒誕無稽的瞎編故事，但這世上的確也發生了不少類似的事件。而且，你對著誰發怒，又會造成什麼樣的影響和結果，這是誰都無法預料到的。

另外，憤怒的情緒通常都是由能力強者對弱者發洩，地位高的人對低的人發洩。以剛剛的例子來說，在社會中遇到大大小小各式不同的怒氣，然後將情緒帶回家接著就變成夫妻間的不愉快，就連在旁邊的孩子都無辜被牽連。**那是因為，憤怒情緒的特質會讓你面對身邊最親近的人時怒意變得更強烈。**

孩子到學校去把怒氣發洩在比自己弱小的孩子身上，被欺負的孩子回到家之後因為心情而對父母產生反抗心理，然後被孩子情緒波及的父親上班去……。就這樣，憤怒的連鎖反應就會無止盡的延燒。

在超商中的抱怨、在工作中對下屬一些不必要的責備、搭乘計程車時對司機的一些態度等等，一旦自己種下了憤怒的種子，即便是多麼瑣碎的事情，都有可能會牽連成為大的憤怒，進而影響自己所身處的社會。

如果你不想處在一個被發洩怒氣的社會環境中，就不要自己種下憤怒的種子。

對便利超商店員說一句：「謝謝」，對下屬真心地道謝說：「你辛苦了」、對計程車司機說句：「謝謝辛苦了」再下車吧。因為即便你再不喜歡對方的態度，但你讓對方也不愉快的話對你也沒什麼好處是吧。

有一句話叫做：「讓愛傳出去」，也曾被拿來當作電影的標題。意味著：「我把從別人那裏獲得的善意和我給予他人的善意連結起來。」我希望這不是一個怒氣連鎖的社會，而是一個讓愛相傳連鎖的社會。

後記

前陣子日本社會對於階級問題有過討論。這裡所說的階級指的是貧富差距，但我認為煩躁度的程度也愈發擴大了。

情緒煩躁的人，變成更加煩躁。而心平氣和沒有壓力過生活的人，變得更加健康，工作能夠更加平穩，生產效率也可以提高吧。

那是因為當前的社會，使人們更加煩躁的環境因素已經完備，很多人都變得容易煩躁。

我們生氣、煩躁的理由用很簡單的話來說，就是自己的價值觀在自己面前被摧毀的時候，也可以說就是期待落空的時候。

「這麼簡單的事情本來就應該要會啊！」

「為什麼做出這種事？」

「我不明白這個意義，無法理解」

以前的日本社會，大家都有著相類似的價值觀。例如工作方面會有「一日為員工終生為員工」、「要遵從上司的話」、「公司的聚會一定要出席」、「工作比個人生活重要多了」等等類似的想法。

另一方面一提到關於個人，就會讓人聯想到「必須要結婚」、「要生孩子」、「教養子女是女性的天職，男人要負責外出工作賺錢」、「絕對不能離婚」等等觀念。

但是隨著大眾價值觀的多樣化，社會也漸漸朝著接受各式各樣價值觀的方向前進。這是一個社會成熟的表現，我個人非常開心。但是在那樣多樣化價值觀裡，在現實面中老實說，情緒這一塊是完全無法跟上的。

「我知道工作和生活的平衡很重要，但是明明工作還沒完成，那傢伙憑什麼就回家了！」

「對家庭的育兒支援當然是很好的政策，但在公司最繁忙的時候請育嬰假實在是……」

「因為法律禁止加班，所以只好下班後在附近的咖啡店打工……」

目前社會正處於以各種方式在進行價值觀和各種制度的大轉變期。一旦即將進行某種改革，大家就會承受很大的壓力，而且很容易對接踵而來的壓力感到憤怒不安。

我在前言有談到「在2016年聽講者的人數超過了22萬人」，但其實日本情緒管理協會把相關聯的講座聽講人數從2012年開始就做了統計。從統計結果顯示，2012年的聽講人數約8千人。但是到了4年後人數卻翻了27倍之多，累計起來約共有60萬人次參加過情緒管理的講座。

這代表情緒管理已經不是某一些特殊的人需要學習的課程而已，已經成為一般人生活中的一部分了。而且實際來聽講的學員當中不分男女老少，只要是對工作、育兒、夫妻關係、人際關係等等感到不安的人，想要解決這些煩惱就會來聽講。

在情緒管理的發源地美國，情緒管理課程之所以普及的原因之一是情緒的控制，尤其是無法處理自身憤怒情緒的人，很容易被認為是不成熟的大人。

在日本也是一樣，我們並沒有特地為某些人量身訂做課程，我們期待的是大家能夠把情緒管理當成一般教養一樣推廣普及。

我誠摯期待閱讀本書的讀者們，能夠養成不焦躁的習慣，這樣一來如果能夠帶給你們，還有你們的家人以及親近的朋友們一些幫助的話，身為情緒管理顧問的我會覺得再沒有比這更幸福的事了。

最後誠摯的感謝大家看完這本書。

2017年12月

安藤俊介

memo

memo

人生，從不生氣開始變好：情緒管理師也在用的 82 個反轉人生術 / 安藤俊介著；廖佳燕譯 . -- 初版. -- 臺北市：八方出版，2018.12
面；　公分 . -- (How ; 83)
ISBN 978-986-381-196-1 (平裝)

1. 情緒管理　2. 生活指導

176.52　　107021691

How83

人生，從不生氣開始變好

情緒管理師也在用的 82 個反轉人生術

作者 / 安藤俊介
譯者 / 廖佳燕

發行人 / 林建仲
副總編輯 / 洪季楨
國際版權室 / 本村大資、王韶瑜
封面設計 / 王舒玗

出版發行 / 八方出版股份有限公司
地址 / 臺灣台北市 104 中山區長安東路二段 171 號 3 樓 3 室
電話 / (02)2777-3682　傳真 / (02)2777-3672
Facebook / https://www.facebook.com/Bafun.Doing
郵政劃撥 / 19809050　戶名 / 八方出版股份有限公司

總經銷 / 聯合發行股份有限公司
地址 / 臺灣新北市 231 新店區寶橋路 235 巷 6 弄 6 號 2 樓
電話 / (02)2917-8022　傳真 / (02)2915-6275

定價 / 新台幣 280 元
I S B N / 978-986-381-196-1
初版二刷 2019 年 09 月

Original Japanese title:IRAIRA SHINAKUNARU CHOTTOSHITA SHUKAN